보드게임을 활용한
게임 놀이치료의 실제

보드게임을 활용한
게임 놀이치료의 실제

이경옥 지음

Σ 시그마프레스

보드게임을 활용한
게임 놀이치료의 실제

발행일 | 2021년 2월 25일 1쇄 발행
 2023년 1월 5일 2쇄 발행

지은이 | 이경옥
발행인 | 강학경
발행처 | ㈜ 시그마프레스
디자인 | 김은경
편 집 | 김은실

등록번호 | 제10-2642호
주소 | 서울특별시 영등포구 양평로 22길 21 선유도코오롱디지털타워 A401~402호
전자우편 | sigma@spress.co.kr
홈페이지 | http://www.sigmapress.co.kr
전화 | (02)323-4845, (02)2062-5184~8
팩스 | (02)323-4197

ISBN | 979-11-6226-302-0

나는 현장에서 20년 가까이 놀이치료를 해 오면서 다양한 아동들을 만났다. 내가 만난 아동들은 일반 놀잇감을 가지고 은유적 놀이를 하는 아동들도 있었지만 보드게임에 더 큰 흥미를 보이는 아동들이 의외로 많았다. 초등학교 이상의 아동들은 대부분 은유적 놀이보다는 게임 놀이를 선호하는 경향이 있었고, 어떤 아동들은 일반 놀잇감에는 전혀 관심을 보이지 않고 치료 종결 시까지 오직 보드게임만을 선택하기도 했다.

게임 놀이를 할 때 아동들은 반응이 직접적이었고, 치료자와 더 많은 정서를 공유하고 교류했다. 그들은 내게 보드게임 중에 일어나는 자신들의 감정을 숨길 수 없이 드러냈으며, 일상생활에서 나타나는 실제 자신의 모습을 여과 없이 생생하게 보여주었다. 나는 아동들이 게임 놀이에서 보여주는 이러한 모습에 매료되었고 게임 놀이가 아동의 발달과 성장 그리고 정서적 회복에 훌륭한 치료적 역할을 할 수 있으리라 생각했다.

보드게임은 오늘날 놀이치료 영역에서 보편적으로 사용되는 놀이도구이다. 그러나 게임을 치료에 전문적으로 활용하는 방법에 대한 자료는 매우 희박하다. 간혹 있는 국외 자료는 우리가 흔히 접할 수 있는 게임도구를 소재로 하지 않고 있으며 그들 연구기관에서 자체 제작한 도구를 활용한 사례에 제한되어 있다. 또한 게임을 아동들에게 어떻게 소개하고 어떻게 보드게임 놀이 속에서 치료자와 아동이 만나는지에 대한 내용은 거의 없다.

나는 이 책에서 보드게임을 잘 알지 못하는 치료사들도 쉽게 보드게임 놀이의 세계로 들어가 아동들을 만나고 접촉할 수 있도록 안내하고자 한다. 따라서 보드게임 놀이의 기본적인 기술과 치료적 접근에 대해 구체적으로 기술했으며, 실제 사례를 제공함으로써 그러한 기술이 치료에서 어떻게 활용되고 있는지 보여주고자 했다. 여기에 쓰인 사례는 내가 그동안 현장에서 경험한 실제 사례이며, 책 내용 또한 다분히 나의 경험에 의존하고 있다. 사례에 사용된 보드게임은 누구나 쉽게 접할 수 있는 상업적 보드게임이며, 치료사의 활용을 돕기 위해 책 후반부에 게임 도구들을 소개했다.

책의 완성도를 높이려면 이러한 사례들에 대한 효과검증과 치료적 접근 방법을 뒷받침하는 이론들을 수록해야 하지만 그 작업은 이 책의 출간 의도에서 벗어나는 일이므로 후속연구자들에게 임무를 돌리기로 한다. 이 책은 보드게임 놀이에 대한 완성이 아니며 시작이다. 가장 기초적인 내용으로, 이제 막 시작하는 치료자들에게 나의 경험이 조금이나마 도움이 되길 바라는 마음에서 이 책을 펴낸다.

차례

제 1 장

보드게임 놀이의
치료적 가치

보 드게임은 치료실뿐 아니라 일반 가정에서도 많이 사용하는 놀이도
구이다. 아동들은 보드게임을 하며 또래와 어울리고 즐거운 여가
를 보내기도 한다. 게임이 주는 특유의 매력과 친숙함은 아동들의 흥미
를 유발하기에 충분하며 그러한 이점으로 인해 보드게임은 치료실에서
종종 활용된다. 보드게임 놀이가 주는 치료적 가치는 크게 의사소통 촉
진, 정서적 건강 증진, 사회적 기술 강화, 개인의 능력 향상, 진단적 활용
으로 범주화할 수 있다.

1. 의사소통 촉진

자신에 대한 표현과 의사소통

아동들은 게임 놀이에서 자신의 감정에 쉽게 몰입되며 다양한 감정을 안
전하게 배출한다. 아동들은 종종 게임 중 경험하는 감정 혹은 그와 유사

한 감정과 연결된 에피소드, 생각들을 치료자에게 이야기한다. 치료자는 아동이 게임 중에 표현한 감정과 생각을 게임 중에 함께 이야기 나눌 수 있다. 또한 좀 더 깊이 다뤄야 할 내용일 경우에는 별도의 기회를 마련하여 대화를 이끌어감으로써 치료적 접근을 할 수 있다.

2. 정서적 건강 증진

즐거움

보드게임 놀이는 아동들에게 즐거움을 제공한다. 아동들은 보드게임 놀이 속에서 웃고 떠들며 즐거워한다. 심리적 어려움을 경험한 아동들에게서 가장 먼저 사라지는 정서가 즐거움이며, 회복될 때 가장 먼저 나타나는 정서 또한 즐거움이다. 즐거움은 상처를 입은 마음을 회복시키는 에너지이며 아동들이 본래의 일상으로 돌아갈 수 있도록 이끌어주는 힘이다. 치료자는 아동과 함께 보드게임을 하며 아동들이 충분히 즐거움을 경험하도록 도와줄 수 있다.

카타르시스

또래 경쟁에서 밀렸던 아동들은 치료사와의 게임에서 승자가 되면서 폭발적인 감정적 충족감을 경험한다. 분노에 차 있는 아동은 운동 게임을 통해 그러한 감정을 분출시키고, 어른의 지시에 노출되어 억압된 감정을 느끼는 아동들은 게임 속에서 자신의 생각과 행동을 새롭게 시도하며 통쾌함을 경험한다. 치료자는 아동이 가진 욕구와 부정적 감정들을 게임 속에서 해소하고 한 단계 더 성장하도록 이끌어줄 수 있다.

통찰

치료자는 아동들이 게임을 하면서 드러내는 행동에 대해 언어로 반영해 준다. "네가 마음이 급해서 주사위를 내 차례에 던졌구나." 혹은 "네 마음대로 안 되면 게임을 중단하는구나." 등 치료자의 반영은 아동에게 자신의 행동을 돌아보는 기회를 제공한다. 치료자는 점차 게임에서뿐 아니라 아동의 일상으로 이어지는 일반화된 아동의 행동양상을 지각하도록 도와야 한다.

3. 사회적 기술 강화

관계 형성

치료자와 대화하기를 불편해하거나 혹은 은유적 놀이로 들어가는 것을 힘들어하는 아동들도 게임에 쉽게 초대될 수 있다. 보드게임은 서로의 긴장을 풀어주며 대화에 대한 부담감을 줄여주어 아동과 치료자가 서로에 대한 경계를 무너트리고 다가가도록 이끌어준다. 특히 반항적이거나 상담에 대한 거부감이 큰 아동들에게 치료적으로 다가가는 데 유용하게 사용할 수 있다.

사회적 능력

게임 놀이는 참여자들이 서로 협력하고 소통하는 사회적 놀이이다. 모든 게임은 규칙이 있고 그러한 규칙을 지켜야만 게임이 진행된다. 아동들은 게임 규칙을 지키지 않았을 때 또래집단에서 어떤 대우를 받게 되는지 경험한다. 게임에서 규칙을 지키는 것은 자연스럽게 사회에서 규칙을 지키는 것과 연결이 되며 또래집단에 함께 하기 위해 정해진 규칙을 지켜야 한다는 것을 배우게 된다. 또한 규칙을 위반한 아동이 계속 게임에 참여하기 위해서는 잘못을 인정하고 사과를 해야 하므로 아동들은 규칙 위반에 대해 자연스럽게 혐오감을 갖게 된다.

　게임은 적절한 자기 통제가 필요하다. 게임의 경쟁적 요소는 상대를 위협하는 상황을 만들며 아동들은 이러한 상황에서 자신에 대한 통제력을 유지하면서 경쟁해야 한다. 따라서 상대를 의도적으로 자극하는 일을 만들지 않아야 하며 승패를 인정하고 그에 맞게 반응하는 기술을 익히게 된다. 승자는 자신의 기쁨을 과하게 표현하여 상대의 기분을 상하게 하는 일이 좋지 않다는 것을 알게 되며, 패자는 자신의 감정을 조절하지 못했을 때 오는 부정적 결과들을 경험하게 된다.

현실검증

게임 놀이는 일반 은유적 놀이와는 달리 아동의 정서나 행동 등이 게임을 하는 동안 직접적인 형태로 나타난다. 게임이 가지고 있는 규칙과 절차는 아동들이 일상생활에서 어떤 행동과 태도를 보이는지 예측하게 한다. 규칙 위반, 속임수, 거부, 게임 판 엎기 등은 아동들이 자신에게 불리하게 펼쳐지는 현실에 대해 인정하지 않으려는 태도를 반영한 것이다. 치료자는 게임이 진행되는 동안 이러한 상황에서 아동들이 보다 적응적이고 현실적인 방법으로 대응할 수 있도록 치료적 개입을 할 수 있다.

4. 개인의 능력 향상

자기강화

아동들은 게임 놀이를 하며 게임의 방법을 배우고, 이기기 위한 도전을 하고, 승부에 대한 불안을 이겨내고, 더 나은 방법을 찾기 위한 시도를 하며, 목표를 성취함으로써 자존감이 향상된다. 자아 강도가 낮은 아동들은 치료 초기에 단순한 형태의 게임만 하던가 혹은 승부를 피하려는 행동을 자주 한다. 치료자는 이러한 아동들에게 단계적으로 도전을 할 수 있는 기회를 세심하게 제공하는 것이 필요하며, 아동들은 그러한 경험을 통해 점차 자기강화가 증가하는 변화를 경험한다.

자기조절

게임 놀이에서는 아동의 감정이 즉각적이며 적나라하게 드러나고 때로는 그러한 감정이 행동으로 이어지곤 한다. 정서와 행동조절력이 낮은 아동들은 때때로 부정적 행동을 함으로써 게임을 중단시키는 상황을 만든다. 아동들은 자신이 경험한 부정적 정서를 조절하고 긍정적 행동으로 전환했을 때 게임 놀이를 계속 이어갈 수 있다는 것을 스스로 알게 된다. 치료자는 이러한 아동들에게 치료적으로 접근하여 아동이 정서와 행동을 조절하도록 도울 수 있다.

합리적 사고

게임 놀이는 기억, 집중, 결과 예측, 논리적 사고, 창의적 문제해결과 같은 인지기술을 필요로 한다. 이러한 인지기술은 아동이 현실 생활에서 문제를 해결하고 자신의 감정을 이해하며 조절과 행동 선택을 하는 것 등과 밀접한 관련이 있다. 아동은 게임 속에서 위험에 맞서기도 하고, 두 가지 중 선택을 해야 할 때도 있으며 선택에 따른 결과를 분석해야 하는 상황과 마주한다. 치료자는 이러한 상황에 대해 아동과 이야기를 주고받으며 아동의 합리적 사고를 촉진시킬 수 있다. 또한 치료자는 이 과정에서 아동이 앞으로의 일에 대해 생각하고, 행동 결과에 대해 예측하는 것을 배우도록 도울 수 있다.

5. 진단적 활용

진단

보드게임에 참여하는 과정에서 아동들은 자신이 가진 많은 정보들을 쏟아낸다. 이때 치료자는 아동의 행동과 표정, 사고, 대응방식 등을 면밀히 관찰함으로써 기초적인 진단을 할 수 있다. 아동들은 게임 놀이를 통해 자존감, 공격성, 타인에 대한 신뢰, 어른에 대한 무력감 등의 감정을 나타내기도 하고, 충동성, 인지력, 자기조절, 집중력 등을 보여주기도 한다. 자신감이 부족한 아동들은 게임 선택에서 의사결정에 어려움을 보일 수 있으며 치료자의 눈치를 보는 행동이 종종 관찰된다. 반항적이고 공격적인 아동들은 운동게임 등을 할 때 거친 행동을 하거나 비속어 사용이 나타난다. 또한 자신의 바람대로 진행되지 않을 때 짜증을 내거나 화를 내는 행동을 종종 보인다. 강박적인 아동들은 지나치게 규칙에 얽매이며 사소한 것에 마음을 빼앗겨 불안해한다. 발달이 지연된 아동들은 또래 아동들이 흔히 하는 게임의 룰을 이해하지 못하는 모습을 보이며, 불안한 아동들은 매우 조심스럽고 선택을 할 때 시간을 많이 끈다. 산만하고 과잉행동이 있는 아동들은 게임 중단이 빈번하고 한 가지 게임을 끝까지 지속하는 데 어려움을 보이며, 충동적인 행동들을 한다. 상대방으로부터 인정을 얻고 싶은 아동들은 치료자를 봐주는 행동을 하며 일부러 져 줄 때도 있다. 또한 활동적인 아동들은 운동게임이나 빠르게 진행되는 게임을 좋아하고, 인지적으로 뛰어난 아동들은 전략게임을 선호하는 경향이 있다.

제**2**장

보드게임 놀이에
들어가기

놀이치료실에는 아동의 심리를 상징적으로 표현할 수 있는 놀잇감
과 함께 다양한 보드게임들이 준비되어 있다. 치료실에 오는 아동
들은 다양한 놀이도구에 놀라워하며 흥분한다. 그러나 몇몇 아동들은 놀
잇감에 압도되어 경계와 긴장을 하기도 한다. 치료자는 아동에게 조용하
고 편안한 목소리로 "이곳은 네가 원하는 것으로 여러 가지 놀이를 할 수
있는 곳이야."라고 말하며 아동을 놀이로 안내한다. 아동은 일반놀이를
선택하기도 하고 보드게임을 먼저 고르기도 한다. 어떤 아동은 어느 쪽
도 선택하지 못하고 주춤거리며 시간을 보낸다. 치료자는 서두르지 않고
일정 정도 아동의 탐색을 기다려 주어야 한다. 아동이 긴장감이나 위축
된 마음으로 인해 계속 선택을 못하는 경우 치료자는 "네가 무엇을 선택
해야 할지 어려워하는구나."라고 아동의 마음을 읽어주고 나서 놀잇감과
보드게임을 소개해준다. 그래도 여전히 선택을 못 할 경우 "너는 장난감
으로 놀이를 하고 싶니? 아니면 나랑 같이 게임을 하고 싶니? 두 가지 중

에 골라보자."라고 선택을 제시한다. 일반놀이의 시작을 어려워하는 아동 중에는 오히려 게임 놀이에서 안정감을 느끼는 아동들이 종종 있다. 아동이 게임 놀이를 하겠다고 선택을 했지만 그 이후 어떤 게임도 고르지 않고 지연이 된다면 다시 두 개 혹은 세 개의 게임을 치료자가 제시하고 그중에서 선택을 하도록 도와준다. 이때 치료자는 아동의 연령과 지적수준, 그리고 아동의 심리적 상태 등을 고려하여 게임을 제시해야 한다. 게임은 아동의 수준보다 다소 낮아 쉽게 참여할 수 있는 것이어야 한다. 아동이 한 가지 게임을 선택하면 "네가 그것을 하기로 결정했구나."라고 반영하고 나서 함께 게임을 살펴본다. 탐색이 끝나면 치료자는 아동에게 게임을 하는 방법을 알고 있는지 물어본다. 아동이 알고 있는 경우 "네가 알고 있는 방법이랑 내가 아는 방법이랑 같은지 모르겠다. 네 방법을 알려주겠니?"라고 하여 게임방법을 공유한다. 아동이 게임 방법을 모르는 경우 치료자는 "내가 알고 있는 방법을 너에게 소개할게."라고 하며 최대한 간단하게 게임 방법을 알려주어야 한다. 게임 설명이 너무 길면 아동들은 지레 겁을 먹거나 지루해하여 게임을 시작하기도 전에 포기하게 된다. 아동의 방법과 치료자의 방법이 다르다고 해서 꼭 누구의 방법이 옳은지 시시비비를 가릴 필요는 없다. 설령 아동의 방법이 완결성에서 벗어나더라도 수용해주어야 한다. 게임 놀이치료는 게임을 누가 완벽하게 끝내느냐가 중요한 것이 아니라 게임을 해 나가는 과정에서 발생하는 다양한 상황을 다루는 경험을 통해 치료적 효과를 얻을 수 있다. 가끔 어떤 아동은 자신의 수준보다 어려운 게임을 고르는 경우가 종종 있다. 이럴 때에도 치료자는 아동의 선택을 존중해주어야 한다. "이 게임은 언니, 오빠들이 하는 게임이라 조금 어려울 수 있어. 하다가 힘들면 언제든지 그만 둘 수 있어."라고 치료자는 아동에게 게임의 어려움에 대한 정보를 제공하여 아동의 선택에 도움을 줄 수 있다. 체스처럼 규칙은 이해하지만 아직 아동이 어려서 게임 운용이 어려운 경우, 아동 스스로 경험하다가 중단하기 전까지 치료자는 인내심을 가지고 게임에 참여해야 한다. 중단 하는 아동에게 "생각보다 많이 어려웠구나. 좀 더 지난 다음에 할 수 있을 거야."라고 격려해준다. 이러한 격려는 아동에게 '내가 부족해서 혹은 바보 같아서 이 게임을 못 하는구나.'라는 생각에서 벗어나게 해준다. 치료자는 게임의 규칙을 단순화시켜 아동의 수준에 맞게 변형시키는 것도 필요하다. 때로는 아동이 게임 룰을 이해하지 못해 전혀 게임을 수행할 수 없는 경우 게임도구를 일반 놀잇감처럼 사용할 수도 있다.

승환이는 만5세 남자 아동으로 경도 지적장애가 있고 부분적으로 자폐적 특성을 가진 아동이다. 게임에 흥미를 느끼기 시작할 무렵 아동은 초등학생이 하는 인생게임을 선택했다. 내가 "이 게임은 형, 누나들이 하는 게임이라 어려울 수 있어."라고 아동에게 말을 해주었지만 승환이는 그래도 인생게임을 선택했다. 승환이에게 인생게임의 룰을 알려주고 게임을 진행하는 데는 무리가 있었다. 아동이 돈에 대한 개념도 언어이해력도 매우 낮았기 때문에 나는 게임에 대한 설명을 하지 않고 아동이 충분히 게임판을 탐색하도록 시간을 주었다. 아동은 게임소품인 자동차에 관심을 보이며 게임판 위를 달리기 시작했다. 나는 아동과 함께 자동차 달리기 놀이를 했다. 사람을 태워서 달리기도 하고 그들에게 엄마, 아빠, 친구들이라고 이름을 붙이기도 했다. 그러다 아동은 게임 돌림판을 발견하고 그것을 돌려 보았다. 숫자가 7에 멈추자 아동은 자신의 자동차를 일곱 칸 움직였다. 아동과 나는 돌림판의 숫자만큼 자동차를 이동하여 먼저 도착하는 사람이 이기는 것으로 게임룰을 정했다. 인생게임은 자동차 경주게임이 되었다.

치료과정에서 보드게임을 전략적으로 사용해야 할 때가 있다. 또래관계 기술 향상, 자신감 증진, 감정과 행동조절 등 아동의 치료목표를 이루기 위해 보드게임의 활용이 절실히 필요한 경우, 치료자는 아동에게 사용할 게임 목록을 미리 준비한다. 아동이 매 회기마다 게임을 선택하며 이를 즐기는 경우 치료자는 그 아동에게 "다음 회기부터는 네가 선택한 게임 하나와 내가 선택한 게임 하나를 할 거야."라고 미리 예고해준다. 다음 회기가 되면 치료자는 미리 계획한 게임도구를 선택하여 아동과 함께 게임을 진행한다. 게임을 두려워하거나 게임에 흥미를 보이지 않는 아동인 경우 치료자는 "다음 회기부터는 나와 게임을 하나씩 할 거야."라고 미리 예고를 한 후 계획대로 진행을 한다. 이때 치료자는 게임을 꼭 해야 한다고 아동에게 강요해서는 안 된다. 아동이 원하는 게임이 있을 경우 그 도구로 시작을 할 수 있다. 만일 아동이 게임도구를 선택하지 못한다면 치료자는 아동에게 가장 적합한 게임도구를 선택하여 보여주면서 "이 게임을 하다가 하기 싫어지면 언제든지 네가 그만 둘 수 있어."라고 아동에게 알려준다. 이는 치료실 안에서의 선택권이 아동에게 있고 아동에게 중단할 수 있는 힘이 있다는 것을 알려줌으로써 아동에게 안전감을 주게 된다. 게임을 진행하다가 아동이 중단을 선언하면 치료자는 이를 인정해주며 "게임할 마음이 없구나. 다음에 다시 할 마음이 생기면 그때 하자."라고 수용해주어야 한다. 아동이 게임을 할 준비가 된 상태일 경우 실패할 일은 거의 없다. 그러므로 치료자는 구조화된 보드게임 치료를 시작하기 전 아동이 게임치료에 준비가 되었는지 여부를 민감하게 알아차리는 것이 중요하다.

주아는 만6세 여아로 인지능력은 평균수준이다. 유치원에서 친구들과 잘 어울리지 못하고, 규칙이 있는 집단 놀이활동을 피하며, 자신감이 없고, 쉽게 기분이 상하며, 자신의 의사를 적절히 표현하지 못하는 어려움으로 상담에 의뢰되었다. 치료 초반에 주아는 주로 일반놀이를 했는데 자신이 엄마가 되어 딸에게 음식을 만들어주는 놀이를 기계적으로 했다. 수 회기 동안 놀이 내용에 진척이 없었고 다양한 주제를 놀이에 표현하지 못했다. 나는 주아가 자신감 부족으로 인해 자신이 해보지 않았던 놀이를 시도하지 않는다고 판단했다. 주아는 보드게임을 가끔 만져볼 뿐 선뜻 선택하지 못했다. 내가 "그 게임을 같이 해볼까?"라고 제안하면 고개를 저으며 "어려워요."라고 했다. 게임을 배우는 것과 지는 것에 대한 두려움 때문인 것 같았다. 얼마 후 주아는 보드게임을 열어 그 안의 내용물을 구경했다. 하지만 여전히 게임을 시도하지는 않았다. 나는 아동이 게임을 함으로써 이에 대한 두려움을 극복하고 자신감이 향상될 수 있다고 판단했다. 주아의 경우 다음 회기에 보드게임을 할 것이라고 예고를 하면 더 불안해할 수 있어 예고하지 않고 회기 내 기회가 생겼을 때 이를 시도했다. 나는 평소 주아가 살펴보던 할리갈리를 꺼내서 같이 해보자고 제안했다. 주아는 겁을 냈고 나는 "그냥 한 번 해 보는데 네가 하다가 싫으면 언제든지 멈출 수 있어."라고 말을 해주었다. 나는 할리갈리의 본래 게임 방법을 설명하면 주아가 겁을 먹을 것이 확실하므로 수정된 방법을 알려주었다. 서로 번갈아 카드를 내다가 과일 한 개가 나오면 종을 칠 수 있고, 그때 먼저 종을 친 사람이 바닥에 놓인 카드를 모두 딸 수 있다고 규칙을 설명했다. 주아는 그 규칙이 마음에 들었는지 게임에 응했고 자신이 먼저 종을 쳐 카드를 따자 안도했다. 나는 아동보다 느리게 종을 치거나 엉뚱한 그림에서 종을 쳐 실수를 했다. 주아는 이런 상황에서 소리 내어 웃었고 점차 긴장이 낮아졌다. 이 게임을 하고 나서 주아는 게임에 대한 두려움이 줄어들었으며 이후 매 회기마다 게임을 선택했다. 나는 아동이 부담 없이 할 수 있도록 매우 단순한 게임 방법을 적용했고 이길 수 있는 기회를 제공했다. 게임에 대한 두려움이 사라진 이후 나는 좀 더 어려운 규칙을 단계적으로 제시했으며 주아는 거부감 없이 이를 익히고 게임을 운용했다. 주아는 게임치료를 반복할수록 자신감이 향상되었고 승부에 연연하지 않으며 게임 자체를 즐기게 되었다. 게임을 통해 자신감이 향상되면서 주아는 일반놀이에서도 변화를 보였다. 아동의 특성상 창의적인 놀이 전개에는 한계가 있었지만 친구집 방문, 여행 등 놀이 주제의 변화가 나타났다. 유치원에서도 주아는 친구들과 어울리는 횟수가 증가했고 규칙이 있는 단체 활동에도 참여한다는 보고가 있었다.

제 3 장

보드게임 놀이치료의 일반적 기법

1. 따라가기

보드게임 놀이에서도 치료자의 따라가기(tracking) 반응은 매우 중요한 기술이며 치료의 기본이다. 놀이치료에서 일반적으로 사용되는 따라가기 기술은 치료자가 아동의 놀이와 행동을 언어로 표현해주는 것을 말한다. 이 기술은 "내가 너에게 관심을 가지고 있어. 나는 네 곁에 있어."라는 의미를 아동에게 전달해준다. 따라가기는 치료자가 아동을 특별하고 소중한 존재로 여기고 있다는 것이 아동에게 전달되어 아동과 치료자의 관계 형성을 촉진한다. 따라가기 반응은 짧으면서 간결하게 해야 한다. 길게 반응을 할 경우 게임 놀이에 방해가 되며 아동이 귀찮아한다.

> 아　　동 : (코코타키 게임을 가져온다.)
> 치료자 : 네가 그 게임을 선택했구나.
> 아　　동 : 내가 준비할 거예요.

치료자 : 게임 준비를 네 스스로 하고 싶구나.

아　동 : (카드를 섞다가 떨어트린다.)

치료자 : 저런. 카드가 떨어졌구나.

아　동 : (떨어진 카드를 주워 다시 섞으려다 카드를 반으로 나눠 한 무더기만
　　　　 을 섞는다.)

치료자 : 네가 떨어트리지 않고 섞을 수 있는 방법을 생각해냈구나.

아　동 : (남은 카드를 다시 섞는다.)

치료자 : 그렇게 해서 카드를 떨어트리지 않고 섞었구나.

아　동 : 여섯 장 줄게요. 이제 시작해요. 선생님부터.

치료자 : 내가 먼저 하길 바라는구나.

아　동 : 선생님, 무지개 나비 있어요?

치료자 : 내가 무지개 나비를 가지고 있는지 궁금하구나.

2. 감정 읽어주기

따라가기 반응만으로도 아동은 치료자에게 존중받고 있다는 것을 느낀
다. 아동이 치료자에게 존중받고 수용받는다는 것을 느끼게 되면 아동은
점차적으로 자신의 내면을 보여주기 시작한다. 게임이 진행되는 과정에
서 아동은 자신의 감정과 욕구, 바람 등을 드러낸다. 때로는 언어로 표현
되기도 하지만 대부분은 비언어적이거나 행동으로 표출된다. 일반 놀이
치료에서는 대부분 아동의 정서와 욕구, 감정이 은유적 놀이 속에 숨은
형태로 나타난다. 그에 비해 게임 놀이치료에서는 아동의 정서와 욕구가
보다 직접적이면서도 확연하게 드러나는 것이 특징이다. 따라서 치료자
가 아동의 감정에 개입할 기회가 그만큼 더 많다.

게임 놀이치료에서 치료자는 게임에 숙달되어 있어야 한다. 치료자가 게임에 능숙하지 못하면 게임 진행에 에너지를 소비하느라 아동의 반응과 변화를 알아채지 못한다. 또한 치료자는 보드게임 자체에 몰입되는 상황을 경계해야 한다. 보드게임을 너무 좋아하거나 경쟁적인 치료자는 간혹 치료 장면에서 자신의 역할을 망각하고 게임에 지나치게 몰입되는 경향이 있다. 보드게임은 단지 치료적 도구이며 아동과 치료자를 매개하는 수단이므로 치료자는 게임도구를 어떻게 치료에 활용할 것인지에 대해 항상 생각해야 한다.

　아동은 게임에서 자신이 앞서나가면 환호를 지르기도 하고 몸을 들썩이기도 하면서 통쾌한 감정을 나타낸다. 반면 자신이 불리한 상황에 처하게 될 때 말이 없어지거나 한숨을 쉬거나 표정이 굳어지거나 동작이 느려지는 등의 행동을 통해 자신의 부정적 감정을 표현한다. 소극적인 아동이거나 우울한 아동 혹은 오래도록 정서를 단절시켜온 아동의 경우 이러한 게임 상황에 따른 표정변화가 다양하지 않은 것이 특징이다. 이 아동들은 둔화된 정서로 인해 거의 무반응, 무표정하므로 치료자가 주의 깊게 살펴보아야 미세한 행동변화를 포착할 수 있다. 치료자는 게임을 하는 동안 게임 진행뿐 아니라 아동의 모든 것에 주의를 기울여야 하며, 아동이 보내는 신호를 민감하게 알아차리고 반응해야 한다. 아동의 표정과 행동, 몸짓에서 아동이 말하고자 하는 정서를 읽어내고 아동이 느끼는 감정과 욕구를 언어로 반응해주어야 한다.

　감정 읽어주기 반응은 아동이 치료자에게 이해받고 있다는 느낌을 갖게 한다. 아동이 게임 도중 어떤 형태로든 감정을 드러낼 때 치료자가 이를 민감하게 알아차리고 그 감정에 반응해줌으로써 아동은 수용받고 공감받는다는 것을 느낀다. 수용과 공감은 치료적 관계를 한 걸음 더 나아

가게 하는 역할을 하며, 아동이 치료실 안에서 안정감을 느끼도록 도와준다. 감정 읽어주기를 경험한 아동의 경우 정서적 안정감과 자존감이 증가하여 일상생활에 능동적으로 대처하며 적응력이 향상된다. 감정 읽어주기 반응의 또 다른 효과는 아동이 자신의 감정을 인식하도록 돕는다는 것이다. 게임에 져서 주사위를 내던지는 아동은 자신이 어떤 감정을 느끼고 있는지 인식하지 못한 채 불쾌한 감정을 반사적 행동으로 표출시키는 것이다. 이때 치료자는 아동의 행동보다 그 이면에 숨어 있는 감정에 주목해야 한다. 치료자가 아동의 행동과 감정을 연결시켜 읽어줌으로써 아동이 자신의 행동 이면에 숨어 있는 감정을 인식하도록 도울 수 있다. 감정을 인식한다는 것은 자신에 대한 이해의 기초가 되며 감정으로 인해 발생한 부정적 행동을 변화시킬 수 있는 발판을 마련하는 것이다.

아　동 : (축구게임에서 한 골을 실점하자 막대를 마구 흔들며 밀었다 당겼다 한다.)

치료자 : 네가 마음이 급해졌구나.

아　동 : (공이 다른 방향으로 가자 짜증을 내며) 아. 왜 이렇게 안 되는 거야?

치료자 : 네 마음대로 되지 않아 짜증이 났구나.

아　동 : 어차피 내가 졌어.

치료자 : 네가 질 것 같아 걱정하는구나.

아　동 : (치료자가 자책골을 넣게 되자) 앗싸. 동점이다.

치료자 : 동점이 되어 기분이 좋아졌구나.

아　동 : (신중하게 막대를 움직이며) 한 골만 더 넣으면 내가 이긴다.

치료자 : 이길 수 있다는 희망이 생겼구나.

아　동 : (치료자가 찬 골을 막으며) 이런 건 식은 죽 먹기지.

치료자 : 자신이 있구나.

아   동 : (골을 넣으며) 와. 내가 이겼다.

치료자 : 그렇구나. 네가 이겨서 정말 기쁘구나.

3. 격려를 통해 감정표현 촉진하기

대부분의 아동들은 치료자가 아동의 감정을 읽어주었을 때 편안해지며 친근한 반응을 보인다. 그러나 정서를 차단하며 지낸 아동들의 경우에는 치료자의 감정 읽기 반응을 매우 어색하게 받아들인다. 처음에는 익숙지 않아 이러한 반응을 낯설어하던 아동들도 시간이 지나면 점차 치료자의 반응을 모델링한다. 치료자는 아동의 감정 읽어주기와 더불어 자신의 감정을 적절히 표현해주는 것이 좋다. 치료자가 자신의 감정을 표현하는 것을 통해 아동은 치료자를 모델링하여 자신의 감정을 좀 더 수월하게 표현할 수 있다. 또한 타인에 대한 공감 능력이 향상되어 상대방의 감정 변화를 보다 빠르게 인식하고 반응하게 된다. 자기 감정에 대한 표현과 타인에 대한 공감능력의 향상은 타인과의 소통을 부드럽게 만들어주어 긍정적 상호작용을 증가시킨다.

아동이 게임 도중 자신의 감정을 언어로 표현할 경우, 치료자는 이를 격려하여 아동이 더욱 활발하게 자신의 감정을 언어화하도록 돕는 것이 필요하다. 감정을 언어로 표현하게 되면 자신의 감정을 타인에게 전달하게 되므로 현재 자신의 상태를 이해받을 수 있다. 감정의 언어화는 불필요한 에너지 소모를 막아주며 행동화 경향을 감소시켜준다. 아동이 자신의 감정을 분명하게 표현하게 되면 상대방은 아동이 원하는 바를 빠르게 파악하여 협조할 수 있으며, 평화로운 해결로 연결되므로 아동이 굳이 반사적인 부정적 행동을 취할 필요가 없게 된다.

> 아　동 : (텀블린 멍키 게임에서 막대를 뺐지만 원숭이가 떨어지지 않자)
>   아~~ 실망이다.
> 치료자 : 실망했구나. 네가 느낀 감정을 말해주니 내가 금방 네 마음을 이해할
>   수 있었어.
> 아　동 : (치료자도 원숭이를 떨어트리지 못하자) 선생님도 아쉽겠다.
> 치료자 : 내 마음을 알아주어서 위로가 되었어.
> 아　동 : 이번엔 내가 꼭 따야지.
> 치료자 : 네가 이번엔 정말 꼭 땄으면 좋겠다.
> 아　동 : (원숭이를 떨어트리자) 세 마리나 땄다.
> 치료자 : 정말 좋겠다. 부럽다. 나도 이번에는 꼭 따고 싶다.
> 아　동 : (치료자가 또 못 따자) 하하하 하나도 못 땄어.
> 치료자 : 그러네. 이번에도 또 못 따서 속상해.
> 아　동 : 내가 하나 나눠줄까요?
> 치료자 : 나눠주면서 나를 위로해주고 싶었구나. 고마워. 하지만 네 마음만 받
>   을게. 내가 더 열심히 노력해보고 싶어.

4. 감정을 조절할 기회 주기

아동들은 게임 도중 격렬하게 감정을 표출할 때가 있다. 자신의 의도대
로 게임이 진행되지 않거나 실점이 많을 때 아동은 울거나 게임 말을 집
어 던지기도 한다. 아동이 급격하게 감정변화를 일으키면 초보 치료자는
당황하기 쉽다. 때로는 '보호가 필요한 아동'에게 자신이 상처를 준 건 아
닌가 하고 걱정을 하는 치료사도 있다. 치료사가 당황하면 치료사는 아

동의 폭발적 행동에 초점을 맞추게 되며 서둘러 그 상황을 해결하려고 한다. "나는 이 게임을 많이 해서 너보다 더 잘하는 거야. 너도 나중에는 잘하게 돼." "미안해. 내가 그만 이기고 말았어. 너를 속상하게 해서 미안해." "게임은 이길 때도 있고 질 때도 있는 거야. 나도 질 때 있어." 등 상황을 끝내려는 말들은 아동에게 전혀 도움이 되지 않는다.

아동이 흥분할수록 치료자는 보다 더 침착해야 한다. 치료자가 아동이 쏟아내는 감정을 담아내는 그릇 역할을 할 때 아동은 마음 놓고 자신의 감정과 대면할 수 있다. 치료실에서 아동의 돌발적 반응은 오히려 치료적 접근을 시도할 수 있는 좋은 기회가 된다. 치료사는 언제든지 이러한 일이 발생할 수 있다는 것을 염두에 두고 미리 준비되어 있어야 한다. 아동이 감정을 폭발시킬 때 치료자는 차분한 어조로 아동의 마음을 읽어주어 아동이 수용받고 있다는 느낌을 갖도록 해야 한다. "네 생각대로 되지 않아 속상하구나."라고 읽어주며 진심으로 아동이 느끼는 감정을 공감해주고 아동 스스로 자신의 감정을 충분히 드러내고 진정시키도록 기회를 주어야 한다. 가볍게 감정동요를 보인 아동은 이러한 치료자의 공감에 마음이 누그러지며 안정을 찾아 다시 게임을 이어갈 수 있다. 그러나 좀 더 심하게 감정을 폭발시킨 아동의 경우는 감정의 크기만큼 진정되는 시간도 길어진다. 이럴 때는 아동이 가지고 있는 감정을 적절히 해소할 방법을 치료자가 제시해주어야 한다. 다트 던지기나 펀치백 치기 등은 감정을 밖으로 분출시키기에 아주 좋은 도구이다. 이때 치료자도 아동과 함께 펀치백을 치면서 아동이 하고자 하는 말을 대신 해줄 수도 있다. "말이 잡혀서 속상하다고. 정말 짜증났어. 얼마나 화났는지 알아." 등의 말을 치료자가 하면 아동도 이를 모델링한다. 이는 아동이 감정을 언어로 표현함으로써 한 번 더 자신의 감정을 인식하는 기회가 되며 행동으로만 표출할 때보다 해소 효과를 더 크게 한다. 아동이 실컷 감정을 분출시키고 나서 다시 게임을 이어나갈 준비가 되면 그때 다시 진행을 한다. 한 번의 게임에서 이러한 상황은 여러 번 반복되어 나올 수도 있다. 그때마다 치료자는 느긋하게 이 과정에 함께 참여해야 한다.

5. 제한하기

아동이 너무 화가 나서 게임 말을 던지거나 치료자를 공격하는 등의 행동을 할 경우에는 제한 설정을 하는 것이 필요하다. 제한 설정은 감정 읽어주기, 명확하게 한계 설정하기, 대안행동 제시하기의 3단계로 진행된다.

> 1단계 : 감정 읽어주기
> "네 말이 잡혀서 화가 났구나."
> 2단계 : 명확하게 한계 설정하기
> "화가 났다고 게임 말을 던질 수는 없어." "화가 났다고 나를 때릴 수는 없어."
> 3단계 : 대안행동 제시하기
> "화가 났다는 것을 말로 표현할 수 있어." "화가 났을 때 펀치백을 때릴 수 있어." "화가 났을 때 다트를 던질 수 있어."

3단계까지 제시를 했음에도 불구하고 아동이 그 어떤 것도 선택하지 않고 화를 낼 경우 치료자는 마지막 경고를 해야 한다. "네가 계속 게임 말을 던진다면 너는 오늘 이 게임을 더 이상 하지 않기로 결정하는 거야. 네가 게임을 계속 하기로 결정하려면 너는 게임 말을 던지지 않고 다른 방법으로 화풀이를 해야 해." 대부분의 아동들은 이 단계까지 가지 않지만 간혹 감정 조절에 심한 어려움이 있는 아동 중에는 게임을 중단해야 하는 상황이 발생하기도 한다. 마지막 경고까지도 아동이 수용하지 않을 경우 치료자는 사용하던 게임도구를 치워야 한다. "오늘은 더 이상 이 게임을 하지 않기로 결정했구나. 하지만 다른 게임은 할 수 있어. 나는 네가 진정될 때까지 기다릴 거야." 한동안 아동은 투덜거릴 수도 있고 뒤돌아앉을 수도 있다. 치료자는 굳건한 마음으로 아동의 다음 선택까지 함께 있어 주어야 한다. 시간이 지나면 아동은 멋쩍은 행동으로 다른 게임 도구를 가져올 수도 있다. 그때 치료자는 이전 상황에 대한 언급을 또 다시 하지 않아야 한다. "네가 그 게임을 선택했구나."라고 하며 현재 아동의 행동을 읽어주어 전환된 상황을 수용해준다.

6. 진정하기 기술을 사용한 감정 조절

치료의 초기에는 감정을 발산하는 활동을 통해 게임 중에 경험하는 부정적 감정을 해소하는 것이 더 필요하다. 그러나 점차 아동과 치료자의 관계가 긴밀해지고, 행동으로 분출하는 활동을 통해 어느 정도 돌발적 행동이 감소하는 시점이 되면 치료자는 감정 발산하기보다는 진정하기 기술을 사용하도록 도와야 한다. 감정을 억누르거나 무감동한 아동의 경우에는 발산하는 활동을 더 오래도록 해야 한다. 진정하기는 보다 성숙한 감정 조절의 방법이며 시간과 장소에 구애받지 않고 일상에서 활용할 수 있는 유용한 기술이다. 아동이 부정적 감정으로 흥분되어 있을 때 치료자는 아동의 마음을 먼저 읽어주고 나서 '진정하기 기술'을 아동에게 소개할 수 있다. "네가 실망해서 기분이 너무 안 좋구나. 이럴 때 기분을 좀 더 좋아지게 하는 방법을 알고 있는데 같이 해보자."라고 하며 진정하기 기술을 알려준다. 이보다 더 자연스러운 방법으로는 치료자가 먼저 '진정하기 기술'을 사용하여 아동이 이에 익숙해지도록 한 다음 이후 상황이 발생했을 때 자연스럽게 소개하는 것이다. 예를 들면 아동이 게임에서 앞서 나가고 치료자가 매우 불리한 상황이 되었을 때 치료자는 이 기술을 사용하는 것을 아동에게 보여준다. "내가 질 것만 같아서 두근거리고 마음이 다급해졌어. 마음을 진정하고 나서 게임을 해야 할 것 같아. 내게 시간을 조금만 줘." 이렇게 아동에게 허락을 구한 후 치료자는 진정하기 기술을 사용하여 마음을 가라앉히는 모습을 보여준다. 비슷한 상황에서 종종 치료자가 이 기술을 사용함으로써 아동이 익숙해지도록 할 수 있다. 아동은 치료자를 모델링하여 흥분된 상황이 될 때 스스로 이 기술을 사용하기도 한다.

  때로는 진정하기 기술을 다음 회기에 별도의 시간을 내어 소개하는 것이 효과적일 때도 있다. 아동이 게임에 너무 몰입되어 있어 치료자에게 개입할 수 있는 여지를 주지 않을 경우, 혹은 감정이 순간적으로 급격하게 고조되는 아동의 경우 게임 도중 이 기술을 소개하기란 쉽지 않다. 이럴 때는 감정 읽어주기를 하여 아동의 감정을 보듬어주는 것으로 회기 내 개입을 마쳐야 할 것이다. 다음 회기에서 치료자는 전 회기에 있었던 일을 다시 회상하며 진정하기 기술을 소개할 수 있다. 아동은 흥분된 상태가 아니기 때문에 치료자가 소개하는 '진정하기 기술' 연습에 쉽게 참여한다. 치료자는 아동을 격려해주면서 게임 도중 기분이 나빠질 때 이 기술을 사용해보자고 제안을 할 수 있다.

  진정하기 기술은 인지행동치료의 이완하기 기술과 같다. 천천히 심호흡을 몇 차례 하며 마음속으로 화가 난 기분을 호흡을 통해 밖으로 내보내는 상상을 하는 것이다. 호흡만 천천히 해도 흥분된 감정은 어느 정도

가라앉는다. 흥분을 하면 심장이 불규칙적으로 뛰고 그 영향으로 감정은 더욱 고조된다. 이때 천천히 호흡을 하면 불규칙적으로 뛰던 심장박동이 규칙성을 회복하면서 중립상태가 되며 이에 따라 감정도 진정된다. 진정하기 기술은 아동이 감정을 폭발시키기 전에 사용하는 것이 효과적이다. 기분이 조금 나빠질 때마다 이 기술을 반복 사용하면 극도로 감정이 고조되는 것을 막을 수 있어 감정폭발을 예방할 수 있다.

7. 응원하기

게임 도중 실망하거나 좌절한 아동은 급격하게 게임 의욕이 낮아져 무기력한 모습으로 게임에 참여한다. 이때 치료자는 아동이 마음을 추스르고 다시 게임에 참여할 의욕을 가질 수 있도록 도와주어야 한다. 치료자의 응원은 아동에게 다시 시작할 수 있는 힘을 준다. 치료자는 표면적으로는 아동과 게임을 하는 경쟁자이지만 치료적 의미에서는 아동의 성취와 발전을 누구보다도 기뻐하는 지지자이다. 응원을 통해 치료자로서의 마음이 아동에게 전달될 수 있으며 이때 아동은 동맹관계를 경험하게 된다.

아　동 : (뱀 주사위 게임을 하다가 함정에 빠져 구슬이 아래로 떨어졌다.)
　　　　 아. 짜증나! 진짜.
치료자 : 정말 짜증나겠다. 안 떨어졌으면 벌써 80까지는 갔을 텐데. 다음엔 사
　　　　 다리를 탔으면 좋겠다. (치료자가 주사위를 던지고, 사다리에 걸려 구
　　　　 슬이 위로 올라간다.)
아　동 : (한숨을 쉬며) 아! 정말. 선생님만 올라가고. 나는 떨어지기만 하고.
치료자 : 너는 떨어지고 나는 올라가니까 더 짜증이 났구나. 이번에 꼭 많이 나

와서 너도 사다리를 타고 올라가면 좋겠다. 내가 응원해줄게. 많이 나와라. 많이 나와라.

아　　동 : (주사위 수가 많이 나오지 않자) 휴! 어차피 졌어요.

치료자 : 저런. 바라는 대로 되지 않아 실망이 크구나. 나도 네가 빨리 올라가면 좋겠어. 다시 응원해줄게. 이번에는 꼭 많이 나오면 좋겠다. 제발 많이 나와라. 많이 나와라.

아　　동 : (주사위를 던져 구슬을 앞으로 보내면서) 세 칸 더 가면 긴 사다리 타는데.

치료자 : 그러네. 다음에는 꼭 세 칸이 나와서 사다리 타면 좋겠다. (치료자가 주사위를 던져 구슬을 이동한다. 아동의 차례가 되었을 때 치료자가 박수를 치며 응원을 한다.) 3나와. 3나와. 3나와.

8. 생각 바꾸기를 통해 감정 조절하기

아동은 게임에서 불리해지면 실망하게 되고 그 시간이 길어지거나 반복되면 게임을 포기하고 싶어질 수도 있다. 특히 좌절을 이겨내는 힘이 약하거나 자존감이 낮은 아동들은 약간만 불리해져도 부정적 사고를 한다. 상황을 극단적으로 인식하거나 실수에 대해 자신을 비난하는 말을 한다. "어차피 내가 졌어." "난 운이 없어." "난 맨날 안 돼." "나한테는 항상 나쁜 것만 와." 등 부정적인 언어표현을 반복하게 되면 아동은 점점 더 기분이 나빠지고 의욕이 낮아진다. 이런 경우 치료자는 우선적으로 아동의 좌절된 마음을 수용해주고 공감해주어야 하지만 그것만으로 아동의 정서가 회복되기에 부족할 수 있다. 긍정적 자기지시어는 아동의 부정적 사고를 전환시켜 긍정적 정서로 이끌어준다. 치료자는 아동이 부정적 사고와 표현을 할 때 반대의 생각을 할 수 있도록 도와줄 수 있다. 또한 치료자가 불리한 상황에 처했을 때 긍정적 자기지시어를 사용하여 사고를 전환하는 것을 보여줌으로써 아동에게 모델링이 되게 한다. 아동은 긍정적 자기지시어를 사용함으로써 게임 상황에서 감정을 조절하는 힘을 얻을 뿐 아니라 자신에 대한 긍정적 이미지와 자신감도 향상시키게 된다.

아　동 : (인생게임에서 낮은 월급카드를 뽑게 되자) 망했다. 이건 하나마나 내가 진 거야. 난 운이 없어. 항상 그래. 난 운이 없어.

치료자 : 네가 너무 낮은 월급카드를 뽑아서 실망이 크구나.

아　동 : 돈도 못 모을 거예요. 너무 적어서. 집도 못 사고. 어차피 졌어요. 이건 해봤자 진 거라구요.

치료자 : 그래. 지금은 그런 생각이 들겠구나. 하지만 아직 기회는 있어. 네가 월급카드 바꾸기에 걸릴 수도 있고 반대로 내가 해고에 걸려서 월급이 낮아질 수도 있어. 그러니 기운을 내.

아　동 : (돌림판을 돌려 인생게임카드에 말을 옮기고) 인생게임 카드를 따면 뭐해. 월급도 적은데.

치료자 : 인생게임 카드를 땄어도 기분이 안 풀리는구나. 어떻게 하면 네가 좀 더 기분 좋게 게임을 할 수 있을까?

아　동 : 없어요. 어차피 이기지도 못할 건데요.

치료자 : 생각을 바꿔보는 건 어떠니? 너는 '망했다. 질 게 뻔하다.'라는 말을 하면서 점점 기분이 더 나빠지는 것 같아. 어렵지만 반대의 생각을 하며 말을 해보자. 자 '나는 잘될 거야.' '행운이 올 거야.' '아직 끝나지 않았으니 희망이 있어.'이렇게 해보자.

아　동 : (인생게임 카드를 다시 얻고 말이 없다.)

치료자 : (아동이 할 말을 대신하여) '너에게 행운은 오고 있어.' '아직 끝나지
않았어.'

게임의 결과가 아동이 처음 예상했던 것과 반대가 되었을 때 이러한
시도는 더 효과적이다. 아동이 처음에 '자신은 질 것이다.'라고 낙담을 하
며 게임에 참여했으나 이후 아동이 게임에서 이기는 것으로 끝난다면,
치료자는 "네가 이겼구나. 축하해. 처음에는 네가 질 거라고 생각하며 희
망이 없었지. 그러나 결과는 달랐어. 우리가 사용했던 '아직 끝나지 않았
으니 희망이 있어.'라는 생각이 괜찮았지?"라고 한 번 더 언급해주어 '생
각 바꾸기' 기술의 사용을 독려할 수 있다.

치료자가 '생각 바꾸기'를 시도하며 아동을 도우려 하지만 그렇다고 아
동이 그 순간 즉각적으로 이를 사용하는 것은 아니다. 아동은 처음 접하는
이러한 시도가 낯설고 어색할 수 있다. 그러나 경험이 반복되면 어느 순간
아동도 이를 사용하게 된다. 다만 이 기술은 치료 초반이나 반항적 아동에
게는 적합하지 않다. 치료자와 아동이 충분히 관계 형성이 되어 아동이
치료자의 조언을 받아들일 준비가 되어 있을 때 사용할 것을 권한다.

추론이 가능한 연령의 아동인 경우 나는 '증거 찾기'라는 인지행동적
접근을 사용하여 '생각 바꾸기'를 적용한다. 아동이 "나는 망했어. 내가
질 게 뻔해."라고 하면 나는 우선 아동의 참담한 마음을 충분히 알아준
다. 적어도 치료자가 아동 자신의 마음을 이해한다고 믿고 있어야 아동
이 이 활동에 참여하기 때문에 수용과 공감은 더 없이 중요하다. 나는 이
때 너무 심각하거나 진지한 태도 대신 유머를 사용한다.

아　동 : (짜증스런 말투로) 나는 망했어. 내가 질 게 뻔해.

치료자 : 정말 짜증나겠다. 높은 월급카드를 뽑았다면 승리를 확신하는 건데. 이런 일이 벌어지다니. 나라도 그럴 거야.

아　동 : (투덜거리며) 돈을 못 모으면 있다가 집 살 때에도 대출 받아야 해요.

치료자 : 그래. 대출 받으면 이자까지 나가니까 더 손해지.

아　동 : 이건 진 게임이에요.

치료자 : 그래. 나도 그렇게 생각해. 네가 진다는 증거를 두 개나 찾았으니 이긴다는 증거를 못 찾으면 너는 무조건 지는 거야.

아　동 : (치료자의 이런 반응에 아동이 다소 당황하며 바라본다.)

치료자 : 네가 진다는 세 번째 증거를 찾아볼게. 너는 내 직업 칸에 걸려서 아마도 2만 원을 내게 주는 일이 생길 것 같아. 뭐 내가 네 직업 칸에 걸려 10만 원을 잃을 수도 있겠지만 그 생각은 안 하겠어.

아　동 : 선생님은 나보다 인생게임 카드를 못 땄어요.

치료자 : 어? 네가 이길 수 있다는 증거를 하나 찾은 거야? 하지만 아직은 네가 진다는 증거가 더 많아.

아　동 : 나는 해고에 걸려서 다시 높은 월급카드로 바꿀 거예요. 그리고 월급카드 바꾸기에 걸려서 선생님 월급카드하고 바꿀 거예요.

치료자 : 네가 이길 수 있는 증거를 세 개나 찾았네. 하지만 나는 '노벨상'에 걸려 10만 원을 딸 수 있어. 그러니 네가 진다는 증거는 네 개야.

아　동 : 나는 인생게임 카드에 계속 걸리고 선생님은 안 걸려서 내가 다 따는 거예요.

치료자 : 그래? 그럼 정말 낭패인데. 진다는 증거만 있는 줄 알았는데 이긴다는 증거도 많네. 이러면 누가 이길지 난 모르겠는데.

아　동 : 그렇지요. 해봐야 알지요.

치료자 : 그래 해봐야 알겠지. 아직은 누가 이길 거라고 말하기는 좀 그렇지?

너 기분이 풀린 것 같다.

아　동 : 맞아요. 그냥 뭐 해보지요.

치료자 : 네가 생각 바꾸기를 해서 기분도 좋아졌구나.

치료자가 사용하는 자기지시어는 자연스럽게 아동에게 모델링이 된다. 나는 불리한 상황에 처해지면 긍정적 자기지시어를 의도적으로 사용한다. 이 방법은 아동에게 '생각 바꾸기'에 대한 압박을 주지 않아 아동들이 편안하게 받아들인다. 나는 내가 사용하는 반복적인 '긍정적 자기지시어'를 어느 순간 아동이 사용하고 있는 것을 흔히 본다. 다음은 내가 주로 사용하는 자기지시어이다.

포기하지 않을 거야.

아직 끝나지 않았어. 그러니 희망은 있어.

게임은 끝날 때까지 끝난 게 아니야.

마지막 역전이라는 것도 있으니 포기하지 않아.

끝까지 최선을 다할 거야.

나는 결코 좌절하지 않아.

즐겁게 하다보면 행운이 올 거야.

망했다고 생각하면 진짜 더 나빠져. 그러니 기분 좋게 할 거야.

나는 할 수 있어.

괜찮아~ 다 잘될 거야.(이 말을 할 때는 노래의 음률을 넣어서 한다.)

지다가 역전을 하는 게 더 짜릿해.

내가 지는 것으로 게임이 끝났을 때 나는 다음과 같은 자기지시어를 사용한다.

게임에서 졌다고 내가 망한 것은 아니야.

오늘은 졌지만 다음엔 내가 이기겠지.

내가 졌다고 화를 내면 나만 손해야.

난 졌지만 즐겁게 게임을 했어. 그러니 된 거야.

게임에서 항상 이길 수는 없어. 패배를 받아들이겠어.

9. 아동의 시도와 성취 격려하기

보드게임을 하면서 아동은 게임에 숙달되거나 문제를 해결하기 위한 다양한 방법을 시도한다. 이러한 시도는 많은 시행착오를 거쳐 보다 나은 결과로 이어진다. 치료자는 아동이 미숙한 전략을 구사하더라도 직접적으로 가르치거나 정보를 주지 않아야 한다. 다시 말하지만 게임치료의 목적은 보드게임을 잘하는 아동으로 만들려는 것이 아니라 게임을 도구로 하여 치료적 목표를 이뤄내는 데 있다. 치료자는 아동이 문제를 발견하고 해결하는 경험을 하도록 기회를 주어야 하며, 아동의 시도가 의미하는 바를 언어로 읽어주면서 격려해주어야 한다. 이러한 격려는 아동이 자신에 대해 긍정적 시각을 개발할 수 있도록 도와준다. 아동이 다양한 시도를 반복하다가 드디어 자신의 힘으로 문제를 해결했을 때 아동은 진정한 성취감을 느끼게 된다. 이때 치료자는 문제해결 과정에서 경험하는 아동의 생각과 노력의 과정, 그리고 성취에 대해 격려해줌으로써 아동이 자신에 대한 유능감과 자신감을 향상시키도록 도울 수 있다.

아 동 : (텀블린 멍키 게임을 하는데 어느 막대를 뺄지 이리저리 살핀다.)

치료자 : 네가 꼼꼼히 살피는구나.

아　동 : (원숭이를 다섯 마리 떨어트리고) 앗싸!

치료자 : 네가 많이 있는 막대를 찾아냈구나.

아　동 : 아래에 있는 걸 빼야 (원숭이가) 더 잘 떨어져요.

치료자 : 네가 많이 딸 수 있는 방법을 알아냈구나.

아　동 : (돌고래 게임에서 물개를 움직이며) 여기는 안 잡혀요. 봐요. 돌고래
　　　　가 이렇게 움직이거든요.

치료자 : 네가 안 잡히는 곳을 알아냈구나.

아　동 : 두 번째 칸은 안 잡히니까 다른 물개를 옮길 거예요.

치료자 : 네가 그곳이 안전하다는 것을 스스로 알았구나.

아　동 : (중간에 져서 실망하다가 나중에 물개를 탈출시키면서) 아. 이겼다.

치료자 : 네가 포기하지 않고 해냈구나.

아　동 : (체스를 하며 골똘히 살핀다.) 잠깐만요.

치료자 : 네가 실수하지 않으려고 찬찬히 생각하는구나.

아　동 : (자신의 말을 움직이며) 이런 방법이 있었군. 이렇게 하면 못 먹지요?

치료자 : 네가 방법을 찾아냈구나.

아　동 : (치료자가 움직이는 말을 보더니) 이쪽으로 와서 내 말을 잡으려고 하
　　　　는 거지요?

치료자 : 네가 내 생각을 알아챘구나.

아　동 : 우선 선생님이 공격을 못하게 막아 놓고 그다음에 (선생님 말을) 다
　　　　잡아야지.

치료자 : 네가 어떻게 할 것인지 계획을 세웠구나.

제4장

보드게임 놀이치료에서
발생하는 특수한 문제

1. 속임수

보드게임에서 속임수의 문제는 가장 빈번하게 발생하며 그에 대해 치료자가 어떻게 대처해야 하는지에 대한 의견도 분분하다. 그러나 치료사들이 공통적으로 동의하는 것은 [속임수가 아동의 해소되지 않은 욕구로부터 발생하며 심리적 원인에 기반을 두고 있다]는 점이다. 그러므로 치료자는 속임수를 쓰는 아동의 심리내적 원인을 이해하는 태도를 가지며 그에 대처해야 한다.

나를 포함한 많은 치료자들은 아동의 속임수 사용을 불편해한다. 속임수를 목격할 때 치료자는 이를 허용해야 할지 아니면 어떤 식으로든 개입을 해야 할지 고민에 빠진다. 나는 보드게임 놀이가 현실에 기반을 두고 있으며 치료자와 아동 사이에 직접적인 상호작용이 일어나는 무대라고 생각한다. 일반 놀이에서는 놀잇감이라는 대리물을 통해 아동의 무의식이 판타지 형태로 드러나는 데 반해, 보드게임 놀이에서는 판타지가 아니라 서로 마주보고 있는 두 사람이 게임판 위에서 실제 대결을 하는 구도를 갖는다. 일반 놀이는 대리물을 통한 판타지이므로 실제 아동의 행동과 태도가 놀이와 직접적으로 연결되어 있지 않다. 즉 아동은 대리물을 통해 분노를 표현하고 속임수를 표현한다. 자신이 직접 분노행동을 하는 것이 아니므로 아동은 놀이 속에서 보호되며 그러한 놀이를 표현했다고 하여 죄책감을 느끼거나 실제 생활로 그 행동이 이어지지 않는다. 그러나 보드게임에서는 이와 다르다. 아동이 속임수를 사용한다는 것은 실체가 있는 상대방을 현실에서 직접 속이는 일이 된다. 아동이 속임수를 반복 사용함으로써 아동은 상대방에 대해 도덕적 측면에서 죄책감을 가질 수 있으며, 속임수의 기술을 점점 더 발전시킬 수 있고, 이러한 기술은 또래관계나 아동의 일상에까지 이어질 수 있다. 따라서 나는 치료자나 아동을 보호하는 차원에서 보드게임 놀이치료에서의 속임수는 허용되어서는 안 된다고 생각한다. 일반 놀이에서도 아동이 치료자를 직접 가격할 경우 이를 제한하며 대리물에게 그러한 행동을 하도록 허용하는데 그와 비슷한 개념으로 볼 수 있다. 때리는 행동 이면에 있는 아동의 감정과 욕구는 수용하되 때리는 행동자체는 제한하는 것이 원칙이듯이 게임에서의 속임수 또한 그렇게 이해하고 대처해야 한다. 치료자는 아동이 정당한 방법으로 게임에 참여할 수 있도록 격려함으로써 아동에게 진정한 성취감을 느낄 기회를 주어야 한다.

> 윤수는 만5세 남아로 평균상 지능의 인지능력을 가지고 있으며 지나
> 치게 활동적이다. 고집이 세고 자기주장이 강하며 규칙 위반이 잦고
> 유치원에서 친구들을 자주 괴롭히는 문제로 치료에 의뢰되었다. 놀
> 이실에서 윤수는 일반놀이보다는 자동차 경주나 보드게임에 더 관

심이 많았으며 특히 승부가 빠르게 결정 나는 게임 종류를 좋아했다. 게임 방법에 대한 이해나 전략구사 능력이 또래에 비해 빠른 편이어서 윤수는 취학전 아동들이 사용하는 대부분의 게임이 가능했다.

  윤수와 뱀 주사위 게임을 하게 되었는데 아동에게 '주사위 눈 다섯'이 나오면 사다리를 탈 수 있는 기회가 왔다. "네가 다섯이 나오면 사다리를 타겠구나. 다섯이 나오라고 내가 응원해줄게." 나의 격려가 끝나자 아동은 주사위 두 개를 놀이실 구석쪽으로 멀리 던졌다. 아동은 구석으로 주사위를 찾으러 가서 한참 동안 그곳에 머무르다가 두 개의 주사위를 들고 내 앞으로 왔고 주사위 눈의 숫자 4와 1이 위로 가도록 바닥에 놓았다. "다섯이에요. 다섯. 사다리를 탈 수 있어요." 아동이 환호했다. 치료자는 축하를 해주었고 함께 기뻐했다. 그런데 아동은 그다음에도 또 주사위를 구석으로 던졌고 자신이 원하는 숫자가 나왔다며 소리를 질렀다. 나는 아동이 원하는 숫자를 얻기 위해 속임수를 쓴다는 것을 알았다. 처음 '다섯'이 나왔을 때에도 이러한 의심이 들었지만 단 한 번으로 속임수를 확신할 수 없었으며 재발되지 않는 일이라면 굳이 이를 문제 삼을 이유가 없었다. 그러나 윤수는 한 번으로 끝나지 않았다. 속임수에 대해 모른 채 하고 넘어가면 아동은 계속 이 방법을 사용하여 게임을 자신에게 유리하게 이끌려고 할 것이다. 나는 윤수의 속임수 방법에 대해 미리 예고하지 않았기 때문에, 그리고 속임수 현장을 직접 확인한 것이 아니기 때문에 지금까지의 결과를 인정했다. 그리고 다음부터는 일정한 룰이 있다는 것을 제시했다. "그렇구나. 네가 원하는 숫자가 나왔구나. 이제부터는 주사위를 우리 둘이 볼 수 있는 이곳(손가락으로 아동과 나의 앞쪽을 가리키며)에 던져야 해. 멀리 던지면 그건 무효야. 만일 네가 멀리 던진다면 주사위를 가져와서 다시 여기서 던질 거야." 나는 윤수가 속임수를 썼다는 것에 대해 시시비비를 가리지 않았다. 다만 앞으로의 행동에 대해 예고를 함으로써 속임수 사용을 제한했다. 속임수에 대해 시비를 가리거나 예고 없이 " 거기에 던져서 무효야."라고 하며 이미 벌어진 결과를 인정하지 않고 제한을 소급적용할 경우 아동들은 치료자가 자기 마음대로 게임을 진행하며 자신에게 벌을 주었다고 여겨 분노한다. 또한 시시비비는 진실게임이 될 수 있으며 이로 인해 치료적 관계를 저해하게 된다. 윤수는 나의 제한을 받아들였고 이후에는 멀리 주사위를 던지는 속임수를 사용하지 않았다.

그러나 속임수를 쓰는 아동들은 다른 속임수를 또 다시 찾아낸다. 윤수는 내가 제시한 '그곳'(우리가 둘 다 볼 수 있는 곳)에 주사위 두 개를 던졌다. 하지만 그는 주사위 윗면에 자신이 원하는 숫자가 보이도록 조정한 다음 바닥에서 1cm 높이에서 내려놓듯 던져 바라던 숫자를 얻어냈다. 나는 이 결과를 인정한 후 다시 제한을 했다. "네가 가깝게 던져서 3을 얻었구나. 다음부터는 배꼽 위까지의 높이에서 던질 수 있어." 제한은 명확해야 한다. "낮게 던지면 안 돼. 조금 더 높게 던져야 해." 등 불명확한 제한은 시비꺼리가 되며 또 다른 갈등을 야기한다. 윤수는 제한에 맞게 배꼽 위의 높이에서 주사위 두 개를 던졌다. 게임이 한참 진행된 어느 순간 윤수는 다시 주사위의 수를 조작하기 위해 지면 가까이에서 주사위를 이리저리 돌렸다. 나는 다시 한 번 "주사위는 배꼽 위까지 높이에서 던질 수 있어. 그 아래에서 던진다면 무효야."라고 말을 했다. 윤수는 원하는 숫자가 위쪽으로 향하도록 주사위를 돌리기는 했지만 충분히 배꼽 위의 높이에서 던졌다. 나는 "네가 규칙을 잘 지키면서 게임을 하는구나."라고 격려해주었다.

윤수의 경우 '속임수'는 일종의 '규칙 위반'의 의미이다. 유치원에서 줄을 서는 것, 순서를 지키는 것, 신발을 신발장에 놓는 것 등은 유치원이라는 공동생활 속에서 질서를 유지하기 위해 제시되는 일반적 규칙들이다. 아동들은 경험을 통해 이러한 규칙을 지켰을 때 친구 사이에서 갈등이 감소하고 서로를 더 편하게 만든다는 것을 터득한다. 그러나 윤수는 규칙을 위반함으로써 그동안 더 많은 이득을 얻어 왔다. 윤수는 충동적 특성으로 인해 유치원에서 제시된 규칙들을 종종 어긴다. 이러한 아동의 행동이 교사의 눈에 띄면 다행히 중재가 이루어지지만 그렇지 않을 때는 규칙위반에 따른 이득을 아동이 고스란히 얻게 된다. 친구들과 놀 때도 윤수는 규칙 위반이 잦은데 거기엔 아동의 높은 인지력도 한몫한다. 윤수가 교묘하게 속임수를 사용할 때 다른 아동들이 이를 눈치 채지 못하는 경우가 종종 있어 아동의 속임수가 자주 성공으로 이어진다. 혹 이러한 행동을 누군가 눈치 채고 항의를 하게 되더라도 주장적이고 공격적인 아동의 특성으로 인해 상대방이 주장을 포기하는 것으로 상황이 끝난다.

이러한 윤수에게 가장 필요한 것은 '안전한 환경에서 제시된 규칙을 지키는 것' 그리고 '규칙을 지킴으로써 아동 자신이 긍정적 결과를 얻는 경험을 하는 것'이다. 윤수는 보드게임 놀이를 통해 이 두 가지 목표를 이룰 수 있었다. 이 아동에게는 자신의 속임수 행동에 대해 벌을 받거나 비난받지 않는 안전한 환경이 제공되어야 하며, 동시에 '명확한 한계'가 설정되어야 한다. 무수한 시도와 도전을 통해 아동은 마침내 속임수를 포기하게 되며 그 결과는 상대방과 더 편안한 놀이관계로 이어진다. 윤수가 속임수를 버렸을 때 아동의 유치원 생활에서도 변화가 일어났다. 사소한 규칙 위반과 또래갈등이 줄어들고 주장적 행동이 감소했다는 교사의 보고가 있었다.

서준이는 만11세 남아로 또래에 비해 체구가 크며 인지능력은 평균 수준이다. 서준이는 친구들의 사소한 장난에도 민감하게 반응하며 펄펄 뛰고, 의도적으로 과장된 웃음과 목소리를 내며, 허풍을 치고, 뻔한 거짓말을 하며, 수업시간에 주변 아동들의 행동을 지적하며 교사에게 이르는 등 미성숙한 행동을 자주 하여 또래로부터 배척받아 상담에 의뢰되었다. 상담 초기에 서준이는 대화를 나누려 하지 않았으며, 게임을 탐색하기만 하고 직접 하는 일이 없었으며, 매우 어린 아동들이 하는 '구슬 굴리기'를 의미 없이 할 뿐이었다. 서준이가 게임에 선뜻 접근하지 않는 이유는 자신이 지는 상황에 대해 두려워하기 때문이었고, 이를 파악한 나는 서준이가 두려움을 떨쳐내고 게임에 참여할 수 있도록 단계별 전략을 사용했다. 일정 기간이 지난 후 서준이는 더 이상의 두려움 없이 게임에 자연스럽게 참여하게 되었고 일상에 대한 대화도 어느 정도 가능해졌다. 그러나 서준이는 게임을 하는 동안 상대방 놀리기, 빈정대기, 잘난척하기, 과장되게 웃기, 속이기 등 또래 아동들에 비해 미성숙한 행동을 자주 했다. 게임 도중에 보이는 서준이의 행동을 통해 나는 아동이 학교에서 친구들과 어떻게 교류하는지 쉽게 상상을 할 수 있었다. 서준이와 인생게임을 하게 되었는데, 내가 돌림판을 돌린 후 말을 이동하고, 도착한 칸에 제시된 지시문을 수행하는 동안 서준이는 끊임없이 돌림판을 돌렸다. 그러다가 자신이 원하는 숫자가 나오면 그때 멈추고 자신이 그 숫자를 얻었다고 주장했다. 나는 "네가 원하는 숫자를 얻으려고 여러 번 돌렸구나."라고 아동의 행동을 읽어줌으로써 아동 자신이 자신의 행동을 자각하도록 돕고자 했다. 그러자 서준이는 "아니에요. 여러 번 안 돌렸어요. 딱 한 번 돌렸다구요."라고 하며 우기기 시작했다. "그렇구나. 넌 한 번 돌렸다고 생각하는데 나는 여러 번 돌린 것으로

봤구나."라고 나는 그 상황을 다시 읽어주었다. 서준이는 내 반응을
통해 스스로의 행동을 자각하고 속임수를 인정할 마음이 없어보였다.

서준이는 자존감이 낮고 미성숙한 행동 탓에 또래로부터 배척받은 경
험이 많다. 친구들 사이에서 한 번도 마음껏 자신의 생각이나 주장을 제
대로 펼치지 못했을 것이다. 서준이의 주장은 무시당하기 일쑤였을 것이
며 친구들의 호응을 받아내기 힘들었을 것이다. 그런 서준이의 입장에서
본다면 치료실에서만이라도 자기 마음대로 한번 휘둘러보고 상대를 눌
러보고 싶은 마음이 간절했을 것이다.

아동이 속임수를 스스로 인정하지 않는다면 속임수가 더 이상 속임
수가 되지 않게 상황을 만들면 된다. 나는 서준이에게 제안을 했다.
"이렇게 하자. 너는 돌림판을 마음대로 돌릴 수 있어. 네가 원하는 숫
자가 나올 때까지 하는 거야. 하지만 나는 딱 한 번만 돌리는 거야."
아동은 치료자의 제안에 활짝 웃으며 흔쾌히 받아들였다. 이제 더 이
상 숨기며 속임수를 쓰지 않아도 된다는 생각에 마음이 한결 편해진
것 같았다. 그 제안 이후 아동은 아주 당당하게 돌림판을 여러 번 돌
려 자신이 원하는 수를 얻었고, 게임 상황을 자신의 통제하에 두면서
여유로운 모습을 보였다. 당연히 아동은 게임에서 승리를 하며 의기
양양해하고 즐거워했다.
나는 이후에도 서준이와 이 게임을 할 때마다 아동에게 물어보며 선
택권을 줬다. "네가 돌리고 싶은 만큼 돌리는 것으로 할까? 아니면 나
와 같이 한 번 돌리는 것으로 할까?" 아동은 최근에 기분이 좋지
않은 일이 있거나 학교에서 친구들과 갈등을 겪은 날에는 '마음대로
돌리기'를 선택했고 평온하게 지내는 일이 많을 때는 '한 번 돌리기'

를 택했다. 이러한 아동의 행동은 '마음대로 해보고 싶은 욕구'가 충
족되면서 자연스럽게 사라졌다.

　대부분의 아동들은 속임수에 대해 치료자가 눈치 채고 있다는 것을 알
려주면 이를 인정하며 스스로 속임수 행동을 중단한다. 그러나 서준이처
럼 자존감이 매우 낮고 미성숙한 아동들은 뻔히 드러나는 행동에 대해서
도 부인하며 이를 계속 반복한다. 치료자가 여러 번 반영을 시도하여 기
회를 주어도 쉽게 달라지지 않는다. 치료자가 이러한 아동의 태도를 수
용하지 않고 단호한 태도를 보이면 그때는 마지못해 받아들인다. 어떤
아동들은 게임을 끝까지 하지 않고 중단하기도 한다. 그러나 속임수 행
동에 대해 마지못해 인정했던 아동들 중에는 게임의 종류나 회기가 바뀌
면 다시 속임수를 시도하는 아동들도 종종 있다. 따라서 치료자는 아동
이 사용하는 속임수의 각기 다른 의미를 이해하는 것이 우선이며, 아동
의 동기와 욕구에 따라 적절한 대응방법을 찾는 것이 필요하다.

　지아는 초등학교 5학년 여아이며 체구가 왜소하고 평균 수준의 인지
능력을 가지고 있다. 자존감이 낮고 친구들과 잘 어울리지 못하며,
간혹 친구를 사귀더라도 아동의 무례한 태도로 인해 친구관계가 깨
지는 일이 종종 생기곤 했다. 오빠가 장애가 있어 부모가 오빠의 재
활치료에 몰두함에 따라 어려서부터 지아는 방치되어 혼자 보낸 시
간이 많았다. 지아 부모는 이러한 지아를 측은하게 여겨 집에서 아동
의 요구를 무분별하게 들어주었고 지아가 무례한 언행을 할 때에도 적
절한 제한을 가하지 않았다. 지아는 집에서 예의 없는 독재자였다. 학
교에서의 태도는 극단적이었는데 매사 소극적이며 친구들에게 다가
가지 못했지만 간혹 친구를 사귀게 되면 상대방에 대한 배려 없이 자

기 멋대로 행동하고 거친 말을 사용하여 금방 관계가 끊어지곤 했다.

처음 지아가 나의 치료실에 왔을 때 지아는 전혀 말을 하지 않았고 나의 말에 고개만 끄덕이는 정도의 소극적 행동을 보였다. 어떤 놀이도 스스로 하지 않아 내가 지아에게 보드게임을 권했고 그것으로 관계가 시작되었다. 지아는 할리갈리만을 했는데 처음에는 큰 어려움 없이 게임이 진행되었다. 그러다가 나와 조금 친해지고 약간의 이야기도 나눌 정도의 사이가 되자 태도가 달라졌다. 지아는 종을 칠 때 일부러 내 손이 종에 먼저 닿도록 기다렸다가 그 순간 온 힘을 다해 내려쳐 나를 아프게 했다. 지아는 내가 아파하면 그 말 없고 표정 없는 얼굴이 일순간 달라지며 재미있다는 듯이 웃어댔다. 나는 "네가 나에게 장난이 하고 싶구나."라고 지아의 마음을 수용하며 읽어주었고, "게임을 할 때 상대방을 아프게 할 수는 없어."라고 제한했다. 지아는 알았다는 듯이 고개를 끄덕였지만 태도를 바꾸지 않았다. 급기야는 내가 "네가 계속 나를 아프게 한다면 이 게임을 계속 할 수 없어. 넌 다른 놀이를 할 수 있어."라고 마지막 제한을 하게 되었다. 그제야 지아는 이러한 행동을 중지했다. 이 방법을 사용할 수 없게 되자 지아는 또 다른 방법으로 나를 괴롭혔다. 지아는 할리갈리 카드 중에 다섯 개짜리 과일 카드를 찾아내어 카드 더미 맨 아래에 놓았고 자신의 카드가 적어질 때마다 그 카드를 꺼내 놓으며 종을 쳤다. 나는 지아의 이기고 싶어 하는 마음을 읽어주며 수용해주었고 지아가 사용하는 속임수에 대해 내가 알고 있다는 사인을 보냈다. 지아는 내 말을 비꼬듯 따라 하며 빈정거렸다. 지아는 속임수를 인정하고 싶지 않았고 이에 대해 그냥 속아주길 바랐던 것이다. 지금껏 지아는 속임수나 무례한 행동을 했을 때 적절한 제한을 받은 적이 없었기 때문에 앞서 '상대를 아프게 하면 안 된다.'는 제한과 속임수를 알아차린

나에게 화가 나고 자신의 행동을 인정하기 싫은 것이라고 나는 해석을 했다. 집에서는 그대로 통했고 학교에서는 그러한 태도가 단절로 이어졌지 어떤 경로로든 해결된 적이 없었으니까. 그러다보니 자신의 행동에 대해 통찰할 기회가 없었던 것은 아닐까? 이런 생각 속에서 나는 좀 더 단호한 태도를 선택했다. 아동이 제한을 받아 기분이 상했고, 나도 아동의 말투에서 기분이 상했으니 잠시 마음을 진정시키는 시간을 갖자고 제안했다. 서로 진정하는 시간을 가진 후에 나는 아동이 이 게임을 계속 하고 싶다면 속임수 없이 해야 한다고 제안했다. 아동은 그날 할리갈리를 하지 않고 중단했으며 나는 아동의 결정을 존중해주었다.

지아는 다음에 왔을 때 할리갈리를 택했다. 지아는 게임을 시작할 때 "아. 정말. 밑장 빼기 못 하는 게 어디 있어?"라고 투덜거렸지만 그 속임수를 사용하지 않았다. 나는 지아가 속임수 없이 게임을 하는 모습을 칭찬해주었다.

나는 치료실에서 지아 같은 아동들을 자주 만나는 것은 아니지만 가끔 만나게 된다. 상대를 속이고 놀리면서 거기에서 쾌감을 느끼는 아동들이 있다. 대부분의 아동들은 속임수가 나쁘다는 생각을 하지만 그런 생각조차 않는 아동들도 있다. 나는 이런 경우 아동이 하는 뻔한 속임수 행동을 그대로 내가 할 때가 있다. 그러면 아동은 "왜 선생님 속임수 써요!" 하고 항의한다. 나는 아동이 했던 것과 똑같이 "난 속임수 쓰지 않았어. 네가 잘못 본 거야."라고 대답한다. 그러면 그 아동은 열을 올리면서 자기주장이 맞다고 항변한다. 그때 나는 "나도 그런 기분이었어. 지금 너처럼 너무 속상했거든."이라고 대답을 한다. 그러면 아동은 항의를 중단하고 온순해진다. "너를 기분 나쁘게 하려는 의도는 아니었어. 다만 속이는 행동이 얼마나 서로를 기분 나쁘게 하는지 네가 알기를 바랐던 거야. 나는 즐겁게 너와 게임하고 싶어."라고 내가 진정으로 아동에게 바라는 것에 대해 설명을 해준다. 어떤 경우 아동은 "우리반 애들은 다 그래요. 다 서로 속여요."라고 말하며 자신이 그 속임수의 피해자였음을 호소한다. 나는 아동이 친구의 속임수로 인해 얼마나 상처를 입었을지 공감해주고 위로를 하며 아동의 경험에 대해 더 깊이 다룰 수 있는 기회를 갖는다.

2. 규칙 위반과 규칙 바꾸기

규칙은 둘 이상의 사람이 게임을 진행하기 위해 꼭 필요한 약속이며, 게임 내에서 서로를 소통하게 하는 길잡이 역할을 한다. 아동들은 게임에 필요한 규칙을 지키는 과정을 통해 규범에 대한 인식과 사람들 사이에 지켜야 할 법칙에 관한 사회적 기술을 습득하게 된다. 게임에서의 규칙은 일반적인 게임 전체에 보편적으로 통용되는 규칙과 특정한 게임이 진행될 수 있도록 하는 방법으로서의 규칙이 있다. 보편적인 규칙은 '순서대로 돌아가며 하기, 한 번의 기회에 한 번만 수행하기, 카드를 미리 보지 않기, 남의 카드를 훔쳐보지 않기, 타인을 방해하지 않기, 남의 정보를 다른 사람에게 흘리지 않기' 등 특별하게 명시하지 않아도 어느 게임에서나 적용되는 암묵적인 규범을 말한다. 방법으로서의 규칙은 이보다 더 구체적이며 변형이 가능하고 특정한 게임에 한정되어 적용된다. 예를 들면 '뱀 주사위 게임에서 주사위를 한 개 사용할 것인지 혹은 두 개 사용할 것인지' '할리갈리에서 실수로 종을 칠 경우 카드 한 장을 종 밑에 둘 것인지 아니면 상대방이 바닥의 카드를 전부 가져갈 것인지' '알까기를 할 때 자리 이동을 허용할 것인지 아닌지' '다트 던지기를 할 때 어느 위치에서 던질 것인지' 등이다. 후자의 경우는 게임을 시작하기 전 게임 방법에 대해 설명할 때 이에 대해 명시하는 것이 필요하다. 아동들은 대체적으로 게임을 하는 동안 진행 방법과 규칙을 염두에 두고 게임에 참여한다. 주의가 산만한 아동들 혹은 인지능력이 다소 낮은 아동의 경우, 규칙을 종종 위반하는 일이 발생하지만 대부분은 의도적인 것이 아니다. 순간 규칙을 잊었거나 충동적 특성 때문인 경우가 많다. 일부의 아동 중에는 심할 정도로 규칙에 강박적인 모습을 보이는 경우도 있다. 규칙에 대한 아동의 태도는 기질적 특성과 심리적 원인에 영향을 받는다. 내가 경험한 바로는 아스퍼거 증후군과 같이 융통성이 부족하고 고지식한 아동의 경우 규칙을 매우 엄격하게 지키려는 태도를 보인다. 반면 공격적이거나 반항적, 혹은 욕구불만이 많은 아동의 경우엔 좀 더 빈번하게 의도적인 규칙 위반을 하는 경향이 있다. 또한 이들은 종종 수시로 규칙을 바꿔 자신에게 유리한 상태를 유지하려고 한다. 자신의 차례에서는 주사위를 두 개 사용했다가 치료자의 차례가 되면 다시 하나로 바꾸고 또 자신의 차례가 되면 두 개를 사용하는 규칙으로 바꾸는 등의 행동을 한다. 이는 아동과 치료자 사이에 이미 존재하는 어린이와 어른이라는 불평등 관계가 게임에 정당치 못한 영향을 미칠 수 있다는 불공정에 대한 아동의 불만의 표출이기도 하다. 치료자는 이러한 아동의 심리를 충분히 이해하면서 규칙을 적용해야 하며, 규칙을 위반하거나 변형하려는 아동의 행동에 대응해야 한다. 치료자가 게임 규칙에 대해 융통성 없이 지나치게 확고한 태도를 보이는 경우 아동들은 규칙 위반 없이 게임에 참여할지는 몰라도 게임에서 자신의 욕구와 정서를 드러내는 데는 실패할 것이다.

소연이는 만6세 여아로 우수한 인지능력을 가진 아동이다. 소연이는 집에서 자신의 의도대로 되지 않으면 악을 쓰며 울고, 부모의 말을 듣지 않으며 부모를 신체적으로 공격하고, 새로운 장소에 가는 것을 두려워하며, 유치원에서 교사의 지시에 따르지 않고, 과제가 조금만 어려워도 절대 하지 않고 버티는 등의 문제행동으로 인해 상담에 의뢰되었다. 상담 초반에 소연이는 코코타키 게임을 선택했는데 나는 소연이에게 게임의 규칙에 대해 설명하지 않고 아동이 충분히 이 게임 도구를 탐색하도록 두었다. 소연이는 카드를 종류별로 분류하기도 하고 조커 카드인 무지개 나비 네 장만을 골라 마치 그것을 자신이 소유하기라도 한 듯 두 손으로 꼭 잡고 있기도 했다. 탐색이 끝나자 아동은 카드를 두 더미로 나눠 한 더미를 나에게 건네주었고 자신은 무지개 나비 네 장이 포함된 카드 더미를 가졌다. 아동은 동물 카드 한 장을 냈고 나에게도 똑같은 색깔의 동물 카드를 내도록 요구했다. 카드의 종류를 바꿀 수 있는 사람은 오직 아동 자신이며 나는 아동이 낸 동물카드와 같은 것을 항상 내야 했다. 내가 더 이상 같은 동물 카드가 없어 못 내게 되면 소연이는 통쾌하게 깔깔거리고 웃었고 선심을 써 주듯 다음에 다른 동물 카드로 바꿔 내었다. 혹시라도 계속 나에게 유효한 카드가 나오면 소연이는 즉시 카드를 바꿔 더 이상 내가 낼 수 없게 만들었다. 게임의 모든 통제권은 아동에게 있었고 아동은 이 게임을 하면서 전지전능한 힘을 나에게 과시했다. 나는 소연이가 누구의 통제도 받지 않는 상태에서 자신이 원하는 바를 마음껏 하길 갈구하고 있음을 느꼈고 그러한 아동의 욕구가 충족되지 않는 한 아동은 어떤 규칙도 받아들일 수 없다고 판단했다. 그래서 나는 소연이가 주도하는 대로 따라주었다. 소연이는 이러한 게임을 몇 회기 동안 하더니 규칙을 바꾸었다. 같은 색깔 카드만을 낼 수 있는 규칙으로 바꾸었는데 이는 내게도 기회를 더 많이 주는 것이며, 상대적으로 자신의 권한을 축소시키는 규칙이었다. 코코타키는 네 가지 색깔로 구성되어 있다. 그러니 소연이가 한 가지 색을 먼저 내면 우리는 계속 그 한 가지 색이 다 끝날 때까지 동물 카드를 낼 수 있다. 같은 색깔의 카드를 다 쓰고 나면 나와 소연이 누구도 더 이상 카드를 낼 권한이 없어진다. 그러자 소연이는 조커카드를 사용했다. 무지개 나비를 한 장 내고 다른 색으로 바꿨다. 나도 이제 다시 카드를 낼 수 있게 되었다. 형식적으로는 지난번 게임과 별 차이가 없어 보이지만 여기에는 아주 큰 차이가 있다. 지난번 규칙에서는 카드를 바꿀 권한이 오직 아동에게만 있었다. 그러나 변화된 규칙에는 권한이 아동에게 있는 것이 아니라 규칙 자체에 있다. 나와 소연이는 동일한 규칙을 사용하여 게임에 참여해야 하고, 조커가 있어야만 카드를 바꿀 수 있다. 단지 조커를 모두 소연이가 가지고 있기 때문에 카드를 바꿀 권한이 소연이에게 있게 된 것이다. 소연이는 이 규칙을 몇 회기 동안 계속 했다. 그러더니 더 이상 이러한 방법이 필요 없어졌는지 무지개 나비를 내게 나눠줬다. 나는 이제 소연이가 공통의 게임 규칙을 받아들일 준비가 되어 있다고 판단했고, 내가 알고 있는 코코타키 게임 규칙을 소개했다. 소연이는 그 규칙을 받아들여 게임을 했는데 이후로 아동에게 통제는 별 의미가 없어 보였다. 그동안 아동은 일상에서 주변의 어른들에게 자신이 철저히 통제되고 있다고 느꼈을 것이다. 아동의 문제행동은 자신이 타인으로부터 통제받고 있다는 구속감 속에서 발생했을 가능성이 크다. 실제로 소연이 엄마를 상담했을 때 엄마가 아동을 통제적인 방식으로 양육해왔음을 확인했다. 엄마가 이를 인식하고 좀 더 수용적인 태도를 보이자 아동의 문제행동도 감소했다고 엄마가 보고했다.

창민이는 만7세 남아로 초등 1학년이며 평균수준의 인지능력을 가진 아동이다. 창민이는 위로 형과 누나가 있으며 아빠는 매우 권위적이고 엄마는 오랜 우울증을 겪고 있었다. 창민이는 학교에서 친구들의 사소한 말 한마디에 상처를 받아 자주 울고, 한번 기분이 상하면 그 상태가 하루 이상 지속되는 등 정서적 회복이 느리고, 위축되어 있으며, 형과 누나에 대한 피해의식이 크다는 것을 주호소로 상담에 의뢰되었다. 창민이는 나와 보드게임을 자주 했는데 자신이 이길 수 있는 게임만을 골라 했으며, 게임 중 조금이라도 불리해질 것 같으면 게임을 중단했다. 창민이는 뱀 주사위 게임을 좋아했는데 자신이 사다리를 타고 계속 오르면 좋아하며 게임을 끝까지 했지만 한 번이라도 함정에 빠져 아래로 떨어지면 즉시 게임을 멈추고 다른 것으로 바꾸었다. 그런데 어느 날 창민이는 자신이 함정에 빠지자 중단을 하지 않고 주사위 하나를 감추더니 한 개만을 내게 내밀었다. 자신이 불리해지자 중단하는 방법 말고 다른 방법을 생각해낸 것이다. 나는 "너는 주사위 두 개로 하고 나는 하나로 한다면 네가 마음 편하게 게임을 할 수 있을 거 같구나."라고 읽어주었다. 아동은 고개를 끄덕였다. 나는 이를 수용했고 그때부터 나는 주사위 한 개만을 사용했다. 두 개를 사용하면 더 빠르게 갈 수 있고, 더블 찬스도 얻을 수 있지만 한 개를 사용하면 그만큼 느릴 수밖에 없다. 창민이는 만족스러워하며 여유 있게 게임에 참여했다. 창민이는 한 번 올라가면 나의 두 배로 올랐지만 그렇다고 해서 위험 상황이 전혀 없는 것은 아니었다. 무수히 함정에 빠졌고 반대로 나는 사다리를 타고 올라가기도 했다. 그래도 창민이는 게임을 중단하지 않고 끝까지 했다. 전 같으면 어림도 없는 일이었을 텐데 창민이는 자신이 더 유리한 조건에서 게임을 한다는 생각만으로도 이러한 상황들을 모두 감내하고 있었다. 창민이는 이후 이러한 불공정 게임을 계속 하며 승리했다. 아마도 아동은 자신보다 나이가 많아 여러 가지로 더 많은 기능을 가지고 있는 형과 누나와 자신이 경쟁해야 했던 어쩔 수 없는 불공정 상황을, 그리고 그 상황에서 억울함을 느꼈던 심정을 이런 방식을 통해 해소하고자 한 것 같았다. 창민이는 원하는 만큼 이러한 게임을 하고 난 후 더 이상 이를 원하지도 않았으며 자신이 불리해 질 때 게임을 중단하는 일도 없었다.

성민이는 만8세 남아로 영재수준의 인지능력을 가진 초등 2학년 아동이다. 성민이는 외동으로 어려서부터 외할머니에 의해 양육되었는데 초등 입학 후부터 학교에서 규칙 위반이 잦고, 수업에 참여하지 않으며, 교사 몰래 친구들을 괴롭히고 잔인한 말을 서슴지 않아 교사가 부모에게 상담을 권해 의뢰된 아동이다. 처음 성민이를 만났을 때 성민이는 귀엽고 영특한 아동이었으며 나를 무척 따랐다. 성민이는 보드게임을 특히 좋아했는데 어떠한 게임도 내가 소개하는 방법대로 게임을 하지 않았으며 자신이 만든 게임 방법에 따라 하기를 원했다. 나는 성민이가 원하는 대로 따라 주었고 성민이가 알려주는 게임 방법과 규칙을 익히려고 노력했다. 성민이는 게임이 진행되는 도중 너무나 빈번하게 게임 방법을 바꾸어서 제대로 게임이 진행되는 일이 거의 없었다. 나는 수회기 동안 이를 지켜보며 성민이가 원하는 바를 게임에서 충족할 수 있도록 기다렸다. 회기가 거듭되어도 성민이의 이러한 모습에는 변함이 없었다. 나는 성민이의 이 행동이 정서적 욕구를 해소하기 위한 것이 아니라, 타인을 고려하지 않는 자기중심적 태도와 새로운 변화에 대한 추구경향이라는 생각이 들었다. 그래서 다음 회기 때 나는 게임을 시작하기 전 "오늘은 처음 정한 규칙을 가지고 게임을 한 판 할 거야. 네가 다른 규칙이 떠오르면 다음 판에서 그렇게 할 수 있어."라고 제한을 했다. 성민이는 그러겠다고 동의를 했지만 게임 도중 다시 규칙을 바꾸고자 했다. 나는 다시 "네가 다른 좋은 방법이 떠올랐구나. 하지만 그 방법은 이 게임이 끝나고 나서 할 수 있어."라고 제한했다. 성민이는 다소 서운한 모습이었지만 그 말을 따랐다. 처음으로 우리는 게임 중간에 방법과 규칙을 바꾸지 않고 끝까지 할 수 있었다. 게임이 끝났을 때 나는 이 게임의 이름을 성민이에게 붙이도록 제안했다. 그리고 성민이가 중간에 제안했던 그 방법을 다음 게임에 적용하여 진행을 하도록 했고 그 게임 역시 이름을 붙였다. 성민이는 자신이 만든 게임에 이름을 계속 붙여 나갔고 매우 만족해했다. 이렇게 하고부터 성민이는 중간에 방법과 규칙을 바꾸는 일이 없었으며 나중에는 새로운 게임을 만들 때 내가 제안하는 방법도 수용했다. 우리는 매 회기마다 머리를 맞대고 새로운 게임을 만들어냈다. 시간이 흐르며 학교에서 보였던 성민이의 문제행동도 많이 감소했는데 이는 성민이가 게임을 만드는 과정에서 타인과 타협하고 조율하는 경험을 통해, 그리고 규칙이 있는 보드게임을 하는 경험을 통해 또래관계 기술이 증진됨으로써 얻은 결과가 아닌가 싶다.

3. 게임 중단하기

게임을 다 마치기 전에 중단이 되면 상대방은 진한 아쉬움을 갖게 된다. 특히 한참 이기고 있는 중에 이런 일이 발생하면 아동들 사이에서는 싸움이 일어나기도 한다. 아동들이 게임을 중단할 때는 몇 가지 이유가 있다. 한 가지 활동에 대한 지속성이 짧거나 충동적인 특성을 가진 아동의 경우, 게임이 금방 끝나지 않고 길어지면 쉽게 싫증을 내며 흥미를 잃게 되는데 이는 게임 중단으로 이어지곤 한다. 조금만 어려워도 쉽게 포기하는 특성의 아동은, 우연게임은 편하게 하지만 전략게임의 경우 중단 사태가 자주 일어난다. 지나치게 승부욕이 강해서 지는 것을 참지 못하는 아동의 경우에는 불리한 상황이 되면 패배를 경험하지 않기 위하여 그 전에 게임을 중단한다. 이유야 어쨌든 게임 중단을 자주 하는 아동은 친구들로부터 좋지 않은 인상을 받게 되어 놀이상대자로 선택받기 어려워진다. 따라서 이러한 아동의 태도는 궁극적으로 개선이 필요한 행동이다. 아동이 게임을 중단할 때 치료자는 그 원인이 무엇인지를 명확하게 파악하여 그에 맞게 대처하는 것이 필요하다. 충동적인 아동의 경우 놀이 초반에는 아동이 원하는 대로 쉽게 승부가 나는 짧고 단순한 게임을 충분히 하는 것이 필요할 수 있다. 그러나 점차적으로 치료자는 아동이 좀 더 긴 게임을 이겨내도록 이끌어주는 것이 필요하며 그 과정에서 충동성을 낮추고 인내력을 증가시킬 수 있다. 자신감이 없는 아동의 경우에는 아동이 쉽게 포기하지 않도록 게임 수준을 고려하는 것이 중요하다. 처음에는 난이도가 낮은 단계의 게임부터 경험을 하여 점차적으로 난이도를 높여간다면 중간에 게임을 중단하는 일을 막을 수 있다. 승부욕이 너무 많은 아동의 경우, 치료자는 아동이 패배를 이겨낼 수 있도록 점진적으로 단련하는 과정을 계획해야 한다.

> 현수는 만9세 남아로 평균상 지능의 인지능력을 가진 아스퍼거 특성의 아동이다. 현수는 학교에서 친구들과 잘 어울리지 못하며, 눈치가 없고, 공통의 주제로 이야기를 나누는 데 어려움이 있으며, 집단 게임에서 자신의 팀이 불리해지면 활동을 중단하고, 친구들의 행동

을 오해하여 받아들이며, 사소한 일에도 과하게 화를 표출하는 행동으로 인해 상담에 의뢰되었다. 상담 초반에 현수는 회기 내내 혼자만의 놀이를 했는데 모바일게임 내용을 모방하여 놀이에 재연하는 형태의 자유놀이를 했다. 내가 놀이에 개입을 시도하면 현수는 자신이 짜 놓은 각본대로만 진행해야 하므로 나의 개입을 달가워하지 않았다. 치료적 관계가 형성된 후 나는 현수에게 전략적으로 보드게임을 권했다. 현수가 보드게임이라는 매개물을 통해 상대방과 상호작용하는 기술을 배우고 또래 관계를 형성하는 방법도 익힐 수 있을 거라는 기대에서였다. 처음에 현수는 보드게임을 좋아하지 않는 듯 보였으나 점차 참여도가 높아졌으며 특히 전략게임에 흥미를 보였다. 그런데 현수는 자신이 게임에서 조금만 불리해져도 즉시 게임을 중단하고 씩씩거렸으며 곧바로 다른 게임을 선택하곤 했다. 나는 그럴 때마다 현수의 좌절한 마음을 읽어주고 위로해주었으며, 분노 발산하기, 감정 표현하기, 감정 가라앉히고 조절하기 등의 기술을 사용하여 현수를 도왔다. 이러한 개입 끝에 현수는 감정을 폭발시키는 행동은 사라졌지만 불리해지는 상황에서 게임을 중단시키는 태도는 여전했다. 나는 현수와 이 부분에 대해 깊이 있게 다루었고, 이는 현수가 가지고 있는 지나친 승부욕 때문이며, "게임에서 지는 것은 곧 내 자신이 무능한 것이다."라는 잘못된 신념, 그리고 지는 상황을 마주할 수 없을 만큼 그 상황에 대한 두려움이 크기 때문이라는 것을 알았다. 나는 인지 재구조화와 긍정적 자기지시어 사용 등의 기법을 사용하여 현수가 자신의 왜곡된 신념을 극복하도록 도왔으며, 한편으로는 현수가 지는 상황을 참고 이겨낼 수 있도록 '점진적 둔감화'를 적용했다. 우선 나는 현수에게 '끝까지 게임을 하는 것이 아동에게 왜 필요한 것인가'에 대해 설명을 했고 지더라도 끝까지 게임을 하기로 약속을 했다. 이렇게 아동과 합의한 첫날 현수와 함께 한 게임에서 나는 무참히 패배했다. 현수는 의기양양해했고 나는 다른 어떤 것보다 '현수가 끝까지 게임을 해낸 것'에 초점을 맞춰 격려했다. 다음 게임에서도 지금처럼 어떤 일이 있어도 끝까지 게임을 하자고 다시 약속을 했고 현수는 아주 가볍게 그러마고 다시 약속했다. 두 번째 게임을 할 때 나는 중간에 아주 약하게 아동이 불리해지는 상황을 연출했다. 아동이 움찔 놀라며 머뭇거릴 때 나는 "네가 지금 질 것 같은 기분이 들어 놀랐구나. 하지만 넌 잘 이겨내고 끝까지 할 수 있어."라고 격려했다. 그리고 이러한 상황을 다시 만들지 않았다. 아동은 이 게임에서 이겼고 나는 "네가 중간에 질 것 같은 때가 있었어. 그런데도 넌 끝까지 해냈어."라고 격려를 해주었다. 나는 아동이 이겨낼 만큼의 갈등 상황을 연출했고 그에 현수가 적응을 하면 좀 더 높은 강도의 갈등 상황으로 높이곤 했다. 현수는 끝내 이를 극복했고 자신이 지더라도 게임을 중단하는 일이 사라졌다. 이러한 변화는 학교에까지 이어졌다. 학교에서의 다양한 문제행동은 그대로 남아 있었지만 게임을 중단하는 일이나 사소한 일에도 화를 발끈거리며 내는 등의 문제행동은 개선된 것으로 보고되었다.

4. 승부

모든 게임이 그러하듯 보드게임 놀이 역시 승부를 전제로 진행되며 게임을 마쳤을 때 승자와 패자가 결정될 수밖에 없다. 게임에서 승리한 아동은 환희를 만끽하며 행복을 경험하지만 반대로 패배한 아동은 실망과 슬픔 그리고 때로는 좌절에 휩싸인다. 치료자는 패배로 인해 풀이 죽어 있는 아동을 보면 안쓰러움을 느끼며, 자신이 아동을 불행하게 만든 것은 아닌가 싶어 미안한 마음을 갖기도 한다. 특히 일상에서 좌절을 많이 경험했거나 자신감이 없는 아동에게서 이러한 모습을 보게 되면 치료자는 자신이 의도적으로라도 져 줬어야 하는 건가 싶은 갈등을 느낀다. 그러나 아동이 항상 이기는 상황을 만들 수는 없으며 또 그렇게 하는 것이 치료적으로 바람직한 것도 아니다. 아동이 이기도록 치료자가 의도적인 상황을 만들었을 때 아동이 이를 눈치 채고 불쾌하게 여기므로 승부조작을 경계해야 한다고 주장하는 사람도 있다. 그러나 내 경험에서는 꼭 그렇지도 않다. 게임에서 새로운 도전을 해보고 싶어 하거나 자신의 능력을 향상시키고 싶어 하는 아동, 혹은 게임을 그 자체로 즐기는 아동, 중기 아동기 이후의 아동들의 경우엔 치료자가 굳이 승부를 고려하지 않아도 무리 없이 게임이 진행된다. 이러한 아동의 경우에는 앞의 주장처럼 치료자가 의도적으로 졌을 때 아동들이 불쾌감을 표현할 수도 있다. 그러나 자신감이 부족하거나 우울하거나 자존감이 낮거나 스트레스를 받아 발산이 필요한 아동의 경우에는 치료자가 이러한 아동의 상황을 고려하여 승부에 신경을 써야 한다. 학교에서 선생님에게 심하게 꾸중을 들었거나 친구와 싸워서 감정이 고조되어 있는 아동은 치료실에 오면 자신이 받은 스트레스를 게임을 통해 날려버리고 싶어 한다. 이러한 아동은 자신이 이기는 경험을 함으로써 카타르시스를 경험하고자 하는 욕구가 크다. 나는 이런 아동을 위해 치료실에 '내가 항상 지는 게임'을 하나 만들어 놓았다. 나는 낚시 게임을 그것으로 정해 놓았는데 이는 모든 아동들이 쉽게 할 수 있는 게임이며 내가 의도성을 숨기고 승부조작을 하기에 용이하기 때문이다. 물론 아동들은 이 낚시 게임이 그런 용도로 사용된다는 사실을 전혀 모른다. 어느 날 우연히 낚시 게임을 골랐다가 내가 대패하는 것을 경험하게 되면 아동들은 이 게임에서 자신이 이길 수 있다는 확신을 갖게 된다. 때로는 나를 이기고 싶어 하는 아동 중에 "선생님이 제일 못하는 게임이 뭐예요?"라고 묻는 아동들도 있는데 그럴 때 나는 낚시 게임이라고 대답을 해준다. 기분이 나쁘거나 심기가 불편해서 해소하고 싶은 아동은 여지없이 낚시 게임을 골라 나를 참패시킨다. 낚시 게임을 고를 때부터 이미 아동들은 자신의 대승을 예측하고 빙그레 웃는다. 나의 치료실에서 아동이 낚시 게임을 선택한다는 것은 '오늘은 꼭 내가 이기고 싶다.'는 아동의 메시지를 표현하는 것이다. 따라서 나는 이러한 아동의 욕구를 충분히 수용하고 충족시켜주고자 한다.

　나의 치료실에는 이와 반대의 기능을 하는 게임도 하나 있다. 새로운 도전을 하고 싶어 하거나 승패에 대한 두려움에 맞서고 싶은 아동, 자신의 성장을 확인하고 싶어 하는 아동들은 어려운 게임을 골라 나를 무너트리려 한다. 이러한 아동은 우연게임이나 단순한 게임에서 승리했을 때보다 어려운 전략게임에서 이겼을 때 훨씬 더 큰 성취감과 환희를 경험한다. 나는 대부분 게임을 할 때 아동이 처한 상황과 특성을 고려해 그에 맞춰 승부를 연출한다. 같은 게임이어도 어느 날은 내가 이기기도 하고 질 때도 있다. 다시 말해 내 능력껏 게임을 하지는 않는다. 그러나 단 하나의 게임만큼은 최선을 다해 내 능력을 다 쏟아가며 게임을 한다. 나는 쿼리더라는 게임을 할 때는 봐주면서 하지 않고 승부를 조작하지도 않는다. 아동들은 이 게임에서 내가 최강자라고 생각하며, 이를 알면서도 게임을 선택하여 몇 번씩 연거푸 패배를 하더라도 흥미 있어 한다. 그리고 언젠가는 꼭 나를 이겨서 환희를 맛보리라 다짐을 한다. 이러한 아동들은 단순히 승리가 목적이 아니며 도전을 통해 더 높은 성취감을 얻으려 하기 때문에 도전 그 자체를 즐긴다. 다른 전략게임에서도 제대로 된 승부를 경험하고 싶어 하는 아동도 있다. 간혹 어떤 아동은 어른과 별 차이 없는 전략을 구사하기도 하지만 대부분은 아동이라는 한계로 인해 시작부터 치료자와 차이가 나는 불공정한 관계에 있다. 그럴 때 나는 게임이 대등한 위치에서 진행될 수 있는 조건을 제시하기도 한다. 예를 들어 체스를 할 때 "나는 이 게임을 아주 많이 했기 때문에 그냥 하면 내가 너보다 더 유리하다고 생각해. 그런데 내가 룩하고 비숍을 빼고 하면 너와 비슷한 수준에서 게임을 할 수 있을 것 같아. 넌 이 방법에 대해 어떻게 생각하니?"라고 물어본다. 대부분의 아동들은 내 제안을 받아들인다. 아동이 게임에서 두 번 연거푸 이기면 나는 아동의 실력이 매우 향상되었다는 것을 격려하면서 내 비숍 하나를 게임에 포함시킨다. 아동들은 게임판에 내 말이 하나씩 늘어날 때마다 자신의 향상을 기뻐하며 성취감을 느낀다.

주안이는 만11세 남아로 우수한 지능을 가진 초등 5학년 아동이다. 주안이는 초등 2학년 때 처음 나의 치료실에 왔다. 당시 아동은 우수한 지능에 비해 학업성적은 좋지 않았고, 사회적 대처방법이 미성숙했으며, 정서와 행동조절에 심각한 어려움을 보이고 있었다. 또한 병원에서 ADHD 진단을 받아 약물치료를 하고 있었다. 주안이는 치료실에서 보드게임을 좋아했다. 나는 주안이의 치료에서 인지행동 놀이치료를 주 접근으로 했으며 보드게임을 자주 활용했다. 주안이는 보드게임을 통해 감정을 발산하고, 카타르시스를 경험하고, 작은 성취를 쌓았으며, 때로는 감정을 조절하는 연습을 하고, 규칙이라는 것의 의미를 이해했다. 주안이는 초등 5학년 말에 치료를 종료했는데 이 무렵 아동은 학교생활이 양호했고 친구관계나 대처기술에 어려움이 없었다. 정서와 행동조절의 어려움 또한 소거되었으며 종료 6개월 전부터 ADHD 치료약도 중단했다. 종료를 앞둔 어느 날 주안이와 내가 까룸 게임을 할 때였다. 주안이는 내게 "예전에는 선생님이 이 게임 할 때 일부러 져주곤 했는데…"라는 말을 했다. 치료 초반 매우 위축되어 있고 자신감이 낮은 아동을 위해 나는 때때로 게임에서 실수를 했고 의도적으로 져주었다. 최대한 의도성을 숨긴다고 했는데 아동이 이를 알아채고 있었다는 사실에 나는 당황했다. 그래서 나는 "네가 그걸 알고 있었구나. 내가 일부러 져주어서 자존심 상하고 기분이 나빴다면 미안해."라고 대답을 했다. 그러자 아동은 "기분 나쁘지 않았어요. 저는 그때 선생님이 져주어서 좋았어요. 난 이기고 싶었거든요. 난 그때 너무 어렸고, 화도 잘 냈고, 잘 울었고, 감정조절도 못했으니까요. 선생님은 내가 상처 받을까 봐 그렇게 한 거잖아요."라고 말했다. 나는 아동의 그 말에 울컥했고 한편으론 아동이 나의 치료적 의도까지도 생각하고 있다는 것에 놀랐다. "네가 내 마음을 이해해주어서 정말 고마워. 이젠 그때처럼 져주지 않아도 될 만큼 네가 많이 자랐구나."라고 내가 말했다. 아동은 빙그레 웃으며 "맞아요. 지금은 안 그래도 돼요. 전 이제 그때 같은 어린애가 아니거든요."라고 대답했다.

제 5 장

특정 문제를 가진 아동에게 보드게임 놀이치료 적용하기

1. 발달이 느린 아동

발달이 느린 아동에게 보드게임은 적합하지 않은 도구로 여겨지기 쉽다. 보드게임 특성상 정해진 방법을 익혀야 하고 게임 규칙에 대한 이해가 필요하기 때문에 그럴 것이다. 의외로 보드게임을 적절하게 선택한다면 발달이 느린 아동에게 이를 활용할 수 있는 방법은 다양하다. 처음엔 아동이 게임에 대한 이해가 부족하여 보드게임에 전혀 흥미를 보이지 않을 수도 있다. 그러나 차츰 보드게임에 적응하고 게임을 이해하게 되면 발달이 느린 아동들 또한 일반 아동들과 비슷하게 보드게임에서 즐거움과 성취감을 보인다.

발달이 느린 아동들은 정서 혹은 인지발달 등의 차이로 인해 또래집단에 쉽게 들어가기 어려우며 설령 또래집단이 이 아동들을 받아들인다하더라도 스스로 유지하는 데 실패하곤 한다. 발달이 느린 아동들은 역할놀이에 참여하는 것도 쉽지 않다. 역할놀이는 상대방과의 긴밀한 협조가 필요하며 서로의 의도를 파악하여 역할에 대응해야 하며 어느 정도 놀이 스토리를 이어나갈 능력이 있어야 가능하다. 그런데 발달이 느린 아동들은 또래에 비해 이야기 구성능력이나 상대방의 의도를 파악하는 등의 능력이 대체적으로 부족하기 때문에 또래 아동들이 자신들의 역할놀이에 잘 끼워주지 않으려고 한다. 가끔 또래집단에서 역할놀이에 받아들여 줄 경우에도 발달이 느린 아동들은 단순하고 낮은 역할(예 : 아기, 부하, 애완견 등)을 주로 맡게 되는데 그조차도 이 아동들의 흥미를 불러일으키기에 쉽지 않다.

은유놀이나 역할놀이가 갖고 있는 비정형성은 아동들의 긴장을 풀어주고 또래들이 쉽게 교류하는 데 훌륭한 기능으로 작용한다. 그러나 발달이 느린 아동의 경우 그러한 비정형성으로 인해 오히려 놀이에 참여하는 것이 더 어려울 수 있다. 그에 비해 보드게임은 처음에 익히는 과정은 힘들 수 있으나 게임 참가자들이 모두 정해진 방법을 사용하기 때문에 발달이 느린 아동들도 게임 방법만 익히게 되면 오히려 쉽게 놀이에 참여할 수 있다. 발달이 느린 아동에게 보드게임 놀이치료를 적용할 때는 아동의 발달수준, 흥미, 아동의 성격적 특성 등을 이해하는 것이 중요하며 그에 따른 단계적인 구조화가 필요하다.

게임의 가장 단순한 규칙 – 번갈아 하기

보드게임은 두 명 이상이 자신의 차례를 지키며 하는 놀이이다. 두 명이 게임을 할 때는 차례를 번갈아 하게 되는데 발달이 늦은 아동들은 '번갈아 하기'의 개념을 잘 알지 못한다. 어떤 아동들은 이 개념만 익히는 데 한 달 이상이 걸리기도 한다. '번갈아 하기'는 게임을 가능하게 하는 가장 기초적인 규칙이기도 하지만 '나'와 '너'가 무언가를 함께 하도록 하는 활동 즉 상호작용을 훈련하는 데 매우 유용한 기술이다. 자폐적인 아동들은 타인과 함께 하는 활동보다는 혼자 놀거나 탐색하는 활동을 더 선호하며 그러한 활동에 빠져든다. 옆에서 누군가가 놀잇감을 가져와 함께 놀고자 해도 이에 무관심하거나 이러한 상대방의 의도에 종종 관여하지 않는다. 다소 기계적일 수 있지만 게임에서 '번갈아 하기'는 이렇게 혼자 뭔가를 하는 데 빠져 있는 아동들의 패턴을 깨트리고 '함께 활동할 수 있는 새로운 규칙'에 이 아동들을 익숙해지도록 만든다. 나의 치료 경험으로 볼 때 발달이 늦은 아동이나 혹은 경미한 자폐적 특성의 아동들에게 '번갈아 하기'는 상호작용을 촉진시키는 매우 유용한 기술이다. 또한 '번갈아 하기'를 익히고 나면 초보적 게임이 어느 정도 가능하므로 이 기술을 습득한다는 것은 이들에게 중요한 의미를 갖는다.

> 해성이는 만6세 남아이며 경도지적장애와 경미한 자폐적 특성을 가진 아동이다. 해성이는 밝은 성격으로 유치원에서 친구들에게 관심을 보이지만 함께 어울리지는 못했다. 친구들에 대한 해성이의 관심은 '친구를 밀치기' '툭 치고 지나가기' 등으로 표현되어 친구들은 해성이의 이러한 행동을 귀찮아하고 성가시게 여겼다. 교사의 도움으로 친구들의 놀이에 합류시키더라도 해성이는 자신의 맡은 바 역할을 해내기 어려워 이내 놀이에서 이탈하곤 했다. 부모와 교사는 친구들에게 호감을 가지는 해성이를 어떻게든 또래들과 어울릴 수 있게 도와주고 싶은 마음을 나에게 전했다.
>
> 치료실에서 해성이는 역할놀이에는 별 관심이 없었다. 자동차를 굴리거나 숫자 타일을 늘어놓거나 펄쩍펄쩍 뛰며 웃거나 혹은 단순한 음식 만들기 놀이를 기계적으로 했다. 해성이는 음식 만들기 놀이를 하거나 숫자 타일을 놓을 때 내가 재료 이름이나 숫자를 말하면

제법 잘 따라했다. 아동이 역할놀이를 흉내 내는 것보다 다소 학습적인 활동에 더 잘 참여하는 특성이 있기 때문에 나는 이를 활용한다면 보드게임을 익힐 수 있을 거라 생각했다. 아동이 보드게임을 익힌다면 유치원에서 보다 쉽게 친구들과 어울릴 수 있을 거라는 판단이 들어 치료에서 즉시 시도했다. 시간은 좀 걸렸지만 해성이는 예상대로 허니컴이나 텀블링 멍키, 스트라이크 에어하키 등과 같은 간단한 게임방법을 익힐 수 있었고 유치원에서 친구들과 보드게임을 통해 어울릴 수 있는 기회가 늘어났다. 그에 따라 친구들과의 사소한 갈등도 줄어들었다.

처음 해성이에게 게임을 소개할 때, 나는 아동이 흥미를 가지며 쉽게 익힐 수 있는 게임도구로 텀블링 멍키를 선택했다. 게임을 시작하려면 먼저 야자수 나무에 막대를 꽂아야 한다. 게임에서 가장 중요한 규칙인 '번갈아 하기'를 아동이 배우는 데 막대 꽂는 활동을 활용했다. 나는 먼저 막대 하나를 꽂아 시범을 보였고 그 다음 막대를 아동이 꽂을 수 있게 기다렸다. 처음에 아동이 야자나무의 양쪽 구멍을 잘 못 찾아 막대가 흘러내리면 나는 아동의 손을 함께 잡고 도와주었다. 나의 차례가 되었을 때 "나는 핑크"라고 하며 분홍 막대를 꽂았다. 그러자 아동도 나와 똑같은 분홍막대를 집으며 "나는 핑크"라고 했다. 아동이 성공적으로 막대를 꽂으면 하이파이브를 해주며 동기가 지속되도록 도와주었다. "이제 내 차례야. 나는 초록"이라고 말한 후, 내가 막대를 꽂고 나면 "네 차례야. 나는 기다릴 거야."라고 하며 아동이 막대를 꽂을 때 상대방이 기다린다는 것을 보여주었다. 아동이 막대 꽂기에 흥미를 잃을 때쯤 되면 나는 빠른 속도로 남은 막대를 꽂아 얼른 이 활동을 마무리하고 다음 활동으로 아동의 관심을 끌었다. 막대를 다 꽂고 나면 아동이 원숭이를 위에서 넣을 수 있도록 기회를 주었다. "자. 이제 막대를 하나씩 빼는 거야. 이렇게." 막대 빼기 시연을 한 후 아동이 빼도록 했다. 아동들은 막대를 한 번 빼면 계속 빼려고 한다. 꽂을 때보다 더 빠르고 흥미롭기 때문이다. 그러면 나는 아동의 손을 막으면서 "기다려. 내 차례야."라고 하며 빠르게 뽑는다. 너무 느리게 하면 아동이 이를 못 기다리고 순서를 어기며 두 번을 뽑게 된다. "내 차례" "너 차례"라고 계속 얘기를 해준다. 처음에는 아동이 번갈아 해야 한다는 것의 개념을 몰라 나의 개입을 많이 받았지만 몇 회기 동안 같은 활동을 반복 하면서 아동은 '번갈아 하기'의 개념을 익혔다.

득점과 승부의 개념 이해하기

게임은 어떤 경우에든 승부로 끝이 난다. 두 명의 게임자가 참여하는 협력게임일지라도 게임판 위의 캐릭터와 참가자 두 명이 서로 다른 편이 되어 경쟁을 하는 형태가 된다. 이기고 진다는 개념을 이해하지 못하면 게임에 참여하기 어려우며 게임이 주는 고유한 즐거움을 느끼고 이해하기 어렵다. 승부는 게임 마지막에 결정되며 일정한 점수를 먼저 얻거나 혹은 어떤 것을 더 많이 획득하거나 또는 결승점에 먼저 도착하는 사람이 이기게 된다. 나이가 어리거나 발달이 늦은 아동들은 득점을 하여 결정되는 승부를 더 이해하기 어려워한다. 아동들이 가장 간단하게 승부를 이해할 수 있는 게임이 자동차 굴리기 게임이다. 자동차를 경사진 트랙에서 굴려 더 멀리 보내는 사람이 이기게 된다. 이는 아동들이 구체물을 통해 가시적으로 승부를 확인할 수 있기 때문에 쉽게 이해한다. 이보다 좀 더 어려운 승부 개념은 가위바위보 게임이다. 처음에 아동들은 보자기가 주먹을 이기고, 주먹이 가위를 이기고, 가위가 보자기를 이긴다는 서로 엇갈린 승부개념을 잘 이해하지 못한다. 사자가 토끼를 이긴다는 식의 단선적 사고가 훨씬 이해하기 쉬운데 비해 가위바위보의 승부 개념은 좀 더 상대적이기 때문이다. 가위바위보보다 좀 더 어려운 승부개념은 텀블링 멍키나 낚시 게임처럼 '더 많이 획득하기'이다. 수에 대한 추상적 개념이 형성된 학령기 아동의 경우에는 12개가 7개 보다 더 많다는 것을 이해하기 때문에 각각 수를 세고 나면 바로 승패를 확인할 수 있다. 그러나 유아의 경우는 수의 양적개념을 추상적으로 이해하는 것이 어려우므로 시각적 확인이 필요하다. 축구게임이나 뱀 주사위 게임같이 '일정한 점수에 도달하기'는 이보다 조금 더 난이도가 높은 개념일 수 있다. 어리거나 발달이 느린 아동들은 일정한 점수에 도달해야 승부가 결정 난다는 사실을 받아들이기 어려워한다. 또한 축구 등에서처럼 한 골을 넣으면 1점씩 득점을 한다는 것도 쉽게 이해하지 못한다.

　대부분의 학령기 아동이나 발달이 빠른 학령전기 아동들은 놀이치료사가 특별하게 승부의 개념을 연습시키지 않더라도 이미 이해하고 있어 바로 게임으로 들어가더라도 무리가 없다. 그러나 발달이 느린 아동들은 승부의 개념을 이해하고 있지 않아 게임에 들어가기 전 이에 대한 이해의 시간과 훈련이 필요하다.

　　승환이(당시 만5세 남, 자폐 성향, 경도 지적장애)는 게임 도구에 관심은 많았지만 게임 방법을 익히는 데 어려움이 있어 다른 용도로 보드게임을 가지고 놀았다. 승부에 대한 개념을 전혀 이해 못하는 승환이가 어느 날 자동차를 굴리고 나서 "이겼다."라고 외치는 모습을 보게 되었다. 아동이 누군가의 행동을 모방하는 것이지만 '이겼다.'라는 말이 '즐거운' 단어라는 것을 느낌으로 어렴풋이 아는 것 같았다.

나는 이 모방행동을 잘 활용한다면 아동이 승부에 대한 개념을 익힐 수 있고, 그렇게 되면 아동도 게임을 통해 상대방과 즐거움을 공유할 수 있을 거라 생각했다. 나는 즉시 자동차를 한 대 들고 아동 옆에서 함께 굴렸다. 그리고 "내가 졌다."라고 말했다. 나는 승환이와 함께 자동차 굴리기를 계속 했고 아동이 이기면 "승환이가 이겼다."라고 말하고 내가 이기면 "내가 이겼다."라고 반응을 보였다. 처음에 승환이는 자신이 이기든 지든 "이겼다."라는 표현만 했다. "내가 이겼고 넌 진 거야. 놀이선생님이 이겼어. 승환이는 졌어." 이러한 반응을 계속 해주어야 했다. 오랜 시간 이 놀이를 반복한 끝에 승환이는 드디어 '이겼다'와 '졌다'를 이해하게 되었다.

이후 나는 승환이에게 또 다른 시도를 했다. 나는 놀이시간에 매일 승환이와 몇 번씩 가위바위보 놀이를 했다. 승환이는 주먹 한 가지만 계속 냈다. 나는 주먹이 가위를 이기는 거라고 알려주고 승환이에 맞춰 가위만 계속 냄으로써 승환이가 항상 이기는 상황을 만들었다. 승환이가 이길 때마다 나는 "승환이가 이겼어. 축하해."라고 하며 하이파이브를 해주었는데, 이기는 경험은 승환이가 이 놀이를 지속하게 하는 원동력이 되었다. 나는 부모상담 때 이 내용을 부모님께 알려드려 집에서도 연습이 이어지도록 했다. 승환이는 주먹으로 가위를 충분히 이기고 난 후 '주먹이 가위를 이긴다.'는 개념을 이해했다. 그다음 나는 아동이 주먹 대신 가위를 내도록 하고 나는 또 보자기를 내면서 아동이 이기는 상황을 만들어 연습했다. 이렇게 주먹-가위, 가위-보자기, 보자기-주먹의 짝을 지어 오래도록 연습을 하고 나자 승환이는 셋의 상대적 관계를 이해하게 되었다. 일반 아동들에게는 단순하고 쉬운 개념이지만 승환이와 같이 발달이 느린 아동들에게는 그 쉬운 개념을 익히는 데도 무수히 많은 단계와 오랜 시간이 필요하다.

승환이는 텀블링 멍키 보드게임을 좋아했다. 정확히 말하자면 그 게임을 좋아한 것이 아니라 놀이도구로서 이것을 좋아했다. 막대를 다 꽂아놓고 원숭이를 위에서 쏟아붓고 나면 승환이는 흥분을 했다. 이때부터 승환이는 막대를 마구 뽑으면서 원숭이가 아래로 떨어지는 광경에 환호했다. 나는 차츰 승환이가 막대를 뽑을 때 나와 서로 번갈아서 하나씩 뽑는 놀이를 시도했다. 그럴 때 나는 "하나"라고 하며 뽑았고 승환이는 "둘"이라고 하며 호흡을 맞췄다. 유난히 숫자 세는 것을 좋아했기 때문에 승환이는 내 차례를 기다려줄 수 있었다. 수를 세며 막대를 다 뽑고 나면 이제부터는 원숭이를 세었다. '하나, 둘, 셋, 넷…' 30마리를 다 세고 나면 이 놀이가 끝이 났다.

아동이 기본적인 승부 개념을 이해할 무렵 나는 승환이에게 제안을 했다. 지금부터는 자신이 떨어트린 원숭이를 각자의 통에 담기로. 놀이가 끝난 다음 각자의 통에 담긴 원숭이를 한 마리씩 꺼내 각각 한 줄로 놓으면서 수를 세었다. 간격도 서로 맞춰가며. 두 줄은 시각적으로 분명한 차이가 났고 나는 더 긴 아동의 원숭이 줄을 가리키면서 "네가 더 많아. 네가 이만큼 더 많아. 네가 이겼어."라고 말하고 축하와 하이파이브를 해주었다. 승환이와 같이 단순한 숫자 세기는 잘하지만 수의 양적 차이를 이해하지 못하는 경우, 시각적으로 그 차이를 보여주었을 때 더 빨리 이해를 한다. 나는 이러한 활동을 어린 아동들이나 발달이 느린 아동들에게 자주 사용한다. 아동들은 함께 수를 세면서 숫자 세기에 익숙해지고 누가 이겼는지 자신의 눈으로 확인하며 더 즐거워한다.

승환이는 나의 치료실에 있는 마리오 그림이 그려진 스트라이크 에어하키라는 게임에 집착이 있었다. 마리오 그림 때문에 그 게임도구를 아주 좋아했다. 처음에 이 도구를 사용했을 때에는 서로 손잡이를 들고 이리저리 공을 밀고 다니는 놀이를 했다. 승환이에게 상대방 골대를 가르쳐주고 꼭 그쪽으로만 넣어야 한다는 것을 제시했을 때 승환이는 전혀 이해를 하지 못했다. 그래서 그냥 우리는 아무 골대에나 공을 넣으면서 넣을 때마다 환호했다. 그러다보니 금방 지루해지고 다른 놀이로 전환이 일어나곤 했다. 나는 승환이에게 이 게임에서의 득점과 승부에 대해 알려주고 싶었다. 그래서 승환이가 골을 넣을 때마다 승환이의 점수판에서 숫자를 하나씩 올려주었고 내가 넣으면 내 숫자를 올렸다. 승환이는 이를 이해하지 못해 내가 넣거나 자기가 넣거나 구별 없이 무작정 자기 점수판의 숫자를 올렸다. 게다가 한 번에 한 칸씩이 아닌 두 칸, 세 칸, 마음대로 올리곤 했다. 말로 하는 설명으로서는 도저히 아동을 이해시킬 방법이 없었다. 나는 궁리 끝에 내 골대 앞에 공을 가져다 놓고 아동이 골을 넣도록 했다. 한 골을 넣으면 아동이 스스로 자신의 점수를 하나 올리도록 도와주었다. 그리고 공을 또 그 자리에 놓고 또 슛을 시도하게 했다. 나는 전혀 공을 차지하지 않았고 아동 혼자 계속 골을 넣으면서 숫자를 하나씩 올리는 경험을 했고 10까지 다 올리고 나면 다시 점수판을 0에 두었다. 이렇게 몇 회기를 반복하고 나니 아동은 골을 하나 넣으면 점수판 숫자 하나가 올라간다는 것과 자신은 상대방의 골대에 골을 넣어야 한다는 것을 이해했다. 이 게임에서 승부개념을 터득하고 나자 아동은 활기와 즐거움이 더 커졌다. 나는 한동안 아동이 이기는 상황을 만들어 게임의 승리를 충분히 만끽하도록 했다.

　승부의 개념을 이해하게 되면 더욱 다양하고 폭넓은 게임의 세계를 경험할 수 있다. 승환이 또한 그러했다. 승환이는 이후 다양한 게임을 배워나갔고 그 속에서 성취감과 자신감뿐 아니라 감정 조절, 사회적 기술 등도 함께 자라났다. 그동안 승환이는 발달이 느린 탓에 또래 아동들의 놀이에 잘 끼지 못했었다. 그런데 보드게임을 익히게 되면서 승환이의 친구교류에 변화가 생겼다. 친구들에게 그냥 다가가 말을 걸기는 어려워도 보드게임을 들고 가서 같이 게임하자고 제안하는 것은 좀 더 쉬운 일이며 거절당할 일도 적었다. 승환이는 초등학교에 입학해서도 좋아하는 보드게임을 들고 학교에 갔고 쉬는 시간에 보드게임을 친구들과 함께 하면서 교류가 더 늘어났다. 승환이에게 보드게임은 친구들과 소통하고 교류하는 통로이다.

설명보다는 시연과 경험

승부에 대한 개념을 이해하게 되면 본격적으로 게임 방법과 규칙을 배울 수 있다. 게임은 종류에 따라 방법이 다르고 난이도 또한 다양하다. 자칫 게임에 대한 설명이 너무 길거나 난해하면 아동들은 게임을 하기도 전에 겁을 먹고 시작조차 하지 않으려고 한다. 발달이 느린 아동이나 어린 아동의 경우는 이러한 모습이 더 심하다. 그래서 이러한 아동들에게는 최대한 설명이 간단해야 하며, 함께 게임을 진행하면서 그 속에서 직접 경험을 통해 배우도록 해야 한다. 설명도 그에 따라 조금씩 나눠서 해주어야 이해를 한다. 주의집중이 잘 되지 않는 아동들도 설명보다는 직접 경험을 통해 게임을 배울 때 더 흥미도가 높고 습득도 빠르다. 그러나 주의력이 부족한 아동들은 대부분 한 번의 경험으로 습득이 가능하지만 발달이 느린 아동의 경우는 이러한 경험을 훨씬 더 많이 반복해야 한다. 나의 경험으로는 이 아동들에게 시연과 반복경험만큼 훌륭한 코치는 없었던 것 같다.

승철이는 초등학교 3학년 남아이며 경도 지적장애가 있다. 수학과 독해가 어려워 부분적으로 특별학급에서 수업을 받는다. 성격은 밝고 활발하며 친구들에게 관심이 많지만 놀이수준이 맞지 않아 친구들이 끼워주지 않았다. 학급에 보드게임이 있어 쉬는 시간에 친구들이 종종 보드게임을 하지만 승철이는 거기에 낄 수가 없었다. 가끔 온순한 친구들이 승철이를 끼워주었지만 승철이는 게임 방법을 쉽게 터득하지 못해 진행을 방해하고 말았다. 때로는 게임방법을 놓고 친구들과 말다툼을 할 때도 있었다. 아동이 잘못 이해한 것을 계속 맞다고 주장을 하니 친구들 입장에서는 승철이가 우기는 격이 되어 분위기가 나빠지기도 했다. 몇 번 이런 일이 벌어지다보니 친구들은 자연히 승철이를 게임에서 제외시키게 되고 승철이는 그런 친구들에게 반감이 생겨 관계가 점점 더 나빠졌다. 친구들의 말에 쉽게 상처받고 예민하게 반응하며 걸핏하면 화를 내고 울었다. 친구관계에 대한 호소는 승철이가 상담에 의뢰된 여러 사유 중의 하나였다.

승철이는 처음에 치료실에 왔을 때 게임에는 전혀 손을 대지 않았다. 자동차만 굴리고 만지는 놀이가 전부였다. 나는 초기 수 회기 동안 승철이의 단순한 놀이활동에 관심을 가지며 지켜봐주었고 수용해주었다. 승철이가 놀이실에 적응이 된 이후에도 아동의 놀이는 여전히 놀잇감 탐색이나 단순한 기능사용에 머물러 있었다. 승철이에게는 좀 더 구조화된 놀이가 필요했다. 그래서 나는 승철이에게 게임을 제안했고 그 결과는 성공적이었다. 처음에 승철이는 스트라이크 에어하키, 원숭이 게임 등 아주 쉬운 게임부터 시작했다. 특별한 전략이 없어도 되고 금방 끝나는 게임일수록 거부감이 적고 흥미가 유지된다. 시연과 반복을 통해 승철이는 게임을 하나씩 배워 나갔으며 나중에는 카르카손, 피코미노 등 좀 더 복잡한 게임까지도 가능해졌다.

승철이는 카르카손 게임을 아주 좋아했다. 자신이 성의 군주가 되어 여덟 명의 부하를 거느리고 자신의 왕국을 넓혀 나가는 판타지를 즐겼다. 나는 승철이에게 이 게임을 처음 소개할 때 "이 게임은 우리 둘 다 왕이 되는 거야. 넌 어떤 나라의 왕이 되고 싶어? 여기 있는 색깔을 네가 선택해 봐." 라고 했다. 아동은 '왕'이라는 말에 흥미를 가지면서 여러 색의 말들을 살펴보더니 "남자는 빨강"이라고 말했다. 나는 그 말에 절로 웃음이 터져 나왔다. "하하하. 좋아, 남자는 빨강!! 넌 이제 빨강 왕국의 왕이 된 거야. 네 부하는 여덟 명이야. 빨강을 모두 가져가서 여덟 명이 맞는지 세어보자." 아동은 빨강 말들을 모두 가져갔고 그 개수를 확인했다. 나도 한 가지 색을 가져왔다. 말판에 부하 하나씩을 올려놓은 후에 나는 "이 부하는 아주 중요한 일을 해. 자기 나라가 하나씩 생길 때마다 뛰어갈 수 있어. 50까지 먼저 뛰어 가면 이기는 거야."라고 하며 점수판에서 말을 직접 이동시키면서 설명해주었다. 물론 이 게임은 50점에서 끝나지 않는다. 처음 게임을 배울 때 시간이 너무 오래 걸리면 아동들은 쉽게 지친다. 게임이 주는 흥미와 즐거움은 사라지고 언제 끝날지 지루해하며 중도 포기할 수도 있다. 아동들이 게임에 익숙해질 때까지는 되도록 짧은 시간 안에 게임이 끝나는 것이 좋다. 그래서 아동에게 50점을 목표점수로 제시했다.

기본적인 게임 준비를 마치고 나면 게임 방법을 익혀야 한다. 승철이처럼 발달이 느린 아동들은 모든 것을 나눠서 단계별로 조금씩 경험시키면서 알려주어야 한다. 나는 타일 하나를 놓고 거기에 다른 타일을 붙일 수 있다고 설명했고 아동이 알아듣기 쉽게 "풀을 풀에 붙이고, 물은 물끼리 붙이고, 길을 길끼리 붙이고, 땅은 땅끼리 붙이는 거야."라고 말했다. 이렇게 구체적으로 모든 예시를 다 해주었을 때 이해가 훨씬 빠르다. 아동은 타일을 놓았지만 그림이 맞지 않았다. 풀과 길이 마주쳤다. 나는 "길하고 풀이 붙었어. 길은 길끼리, 풀은 풀끼리 붙여야 해."라고 하며 타일을 90도씩 돌려주며 그때마다 어떻게 타일이 연결되는지 볼 수 있도록 도와주었다. 승철이는 길과 길이 만났을 때 돌리던 타일을 멈춰 세웠다. 그렇게 하여 승철이는 길을 연결시켰다. "와. 네가 길을 연결했어. 이제 이 길은 네 길이 될 거야." 나는 승철이가 놓은 타일 위에 부하를 한 명 올려놓으면 그 길이 승철이네 왕국의 길이 되는 거라고 알려주었다. 그 후에도 타일을 하나씩 붙일 때마다 나는 "길은 길끼리, 땅은 땅끼리, 풀은 풀끼리…"라는 말을 매번 해주어야 했다. 그렇지 않으면 자신이 틀리게 붙여놓고도 맞는지 틀린지 모른다. 50장의 타일을 사용한다면 나는 50번이 말을 해야 했다. 땅이나 길이 완성되었을 때에도 일일이 반복해서 말해주어야 했다. 구체적으로 반복, 반복, 반복… 게임이 끝나고 점수를 셀 때에도 아동의 손을 잡고 세어주었다. 땅은 한 개당 2점씩이라 '2,4,6,8…' 하고 세면 좋지만 승철이는 그렇게 세지 못한다. '1,2' '3,4'라고 하면서 땅 하나를 두 번씩 세는 데 숫자를 둘마다 끊어서 2점씩 올라간다는 것을 더 쉽게 이해하도록 세어주었다. 거의 10회 이상 이 게임을 했을 때서야 승철이는 내 도움 없이 스스로 타일을 붙일 수 있었다.

연령대에 맞는 게임들을 익히게 되면서 승철이는 학교에서의 친구 관계도 좋아졌다. 쉬는 시간에 친구들과 함께 게임을 하며 어울렸고, 집에서도 부모님과 보드게임을 하는 시간을 보낼 수 있어 한층 밝아졌다. 물론 게임 방법을 익히고 숙달만 된다고 해서 친구들과 아무런 문제없이 어울리게 되는 것은 아니다. 자신이 졌을 때의 감정조절, 이겼을 때의 대처행동, 규칙을 어기는 친구들에 대한 대응, 진 것을 놀리는 친구들에 대한 대응 등등. 승철이가 넘어야 할 산은 많고도 많았다. 그럼에도 불구하고 승철이는 보드게임이라는 세계를 접하게 되면서 친구들과 시간을 보낼 수 있었고, 친구를 사귀는데 필요한 기술들을 배울 기회도 얻었다. 승철이는 지금도 계속 게임이라는 매개를 통해 자신을 표현하고 다양한 기술을 터득하고 있다.

수준에 맞는 게임 방법과 규칙 적용

보드게임을 선정할 때는 그 게임 도구가 아동의 발달수준과 치료 목적에 부합해야 한다. 그러므로 치료자는 항상 아동이 보드게임을 선택할 것을 대비하여 그 아동의 치료에 적절한 게임 목록을 미리 가지고 있어야 하며 게임 도구를 특정한 아동에게 어떻게 활용할지에 대한 계획도 미리 준비하고 있어야 한다. 발달이 느린 아동들도 일반 아동의 경우와 마찬가지로 다양한 목적에서 게임을 활용한다. 이 아동들에게 보드게임을 활용하다보면 항상 느끼는 것이 '게임 방법이 너무 어렵다'는 것이다. 상업적 보드게임들은 게임 방법과 규칙이 명시되어 있다. 대부분의 치료자들은 명시된 게임 방법을 숙지하고 게임 참여 아동들에게 이를 설명해주어 동일한 규칙 속에서 게임을 진행하게 된다. 일반적인 아동들에게 명시된 방법을 사용하도록 하는 것은 특별히 어려운 일이 아니며 다른 이점도 있다. 명시된 방법은 치료실에서뿐 아니라 일상 모든 곳에서 공통적으로 사용되는 것이기 때문에 아동이 치료실 밖에서도 자연스럽게 규칙을 공유하게 된다. 그러나 발달이 느린 아동의 경우 상업적 보드게임에 명시된 게임 방법을 이해하기가 그리 만만치가 않다. 난이도가 높은 게임일수록 아동들은 더욱 난관에 부딪친다. 그래서 치료사는 아동이 받아들일 수 있도록 게임규칙을 새롭게 변형시키는 것이 필요하다. 명시된 방법과 규칙대로 게임을 하기까지 이 아동들은 더 많은 변형된 방법이 필요할 수도 있다.

앞서 예시되었던 승환이는 발달이 느린 아동이다. 승환이는 만3세 때 처음 나와 만났는데 지금은 초등 2학년이 되었다. 만5세 무렵 승환이가 게임을 접하던 초반에 나는 대부분의 게임방법을 승환이의 수준에 맞게 바꾸어 사용해야만 했다.

이 무렵 승환이는 '같은 종류의 과일 개수 다섯 개가 되면 누구나 종을 칠 수 있다.'는 할리갈리의 규칙을 이해하기에는 너무나 역부족이었다. 그럼에도 불구하고 승환이는 이 게임을 하고 싶어 하는 욕구가 매우 높았다. 가끔 승환이네 집에 놀러오는 한 살 어린 사촌동생과 할리갈리를 하게 되면 아동은 규칙을 이해하지 못해 동생에게 핀잔만 듣고 기분이 상하곤 했다.

나는 승환이가 언젠가는 명시된 규칙을 이해할 거라 확신을 했지만 당시로서는 승환이 수준에 맞는 새로운 게임 규칙이 무엇보다도 절실했다. 승환이는 수를 50까지 연속으로 셀 줄 알지만 다섯 개의 과일이 그려진 카드를 보고 "과일이 다섯 개 있어요."라고 말하지는 못했다. 즉 의미 없는 수 세기만 될 뿐 수 개념이 부족했다. 그래도 승환이는 세 개의 과일까지는 한눈에 알아보고 말할 수 있었다.

나는 승환이가 이해할 수 있는 수준으로 "하나일 때 종을 친다."는 규칙을 만들어 아동에게 알려주었다. '과일 한 개가 그려진 카드가 나오면 종을 칠 수 있다.'는 우리 둘만의 규칙이었다. 물론 게임을 진행하기 위해선 이러한 규칙을 설명하기 이전에 아동의 손을 내가 직접 잡고 같이 움직이며 어떻게 카드를 잡고 어떻게 카드를 빼서 바닥에 놓는 것인지를 같이 해보는 것이 먼저 있어야 한다. 승환이의 왼손에 카드 더미를 올려주고 오른손으로 카드를 위에서부터 한 장씩 빼서 앞으로 내도록 몇 번씩 연습을 했다. 아동 혼자 스스로 카드를 빼서 놓을 수 있을 때까지 격려와 칭찬을 아끼지 않아야 한다.

아동과 내가 번갈아 카드를 놓을 때마다 나는 계속 "하나가 나오면 종을 치는 거야."라고 말을 해주었다. 그러다 과일 한 개가 그려진 카드가 나오면 "한 개야. 한 개. 종을 쳐야 해."라고 다시 말을 해주었다. 아동이 종을 치면 "네가 먼저 쳤어. 이 카드는 모두 네 거야."라고 하며 아동의 앞에 놓아주었다. 이렇게 몇 번 하면 아동은 '과일 한 개의 그림카드가 나오면 종을 친다.'는 개념을 이해하고 내가 일일이 알려주지 않아도 스스로 알아서 종을 쳤다. 나는 "와. 네가 쳤어. 혼자서 스스로 했어."라고 하며 격려를 해주었다. 아동은 우리만의 할리갈리를 하며 무척 즐거워했다. "내가 쳤어요. 또 내가 쳤어요."라고 하며 아동은 흥분했다. 아동은 이 게임에서 자신이 능숙해지고 유능해진다는 느낌을 받으면서 자신감이 생겼다. 치료실에 들어서면 "선생님, 할리갈리 해요."라고 소리치며 먼저 게임 도구를 가져오곤 했다.

다른 일반규칙을 적용하여 게임을 하는 아동들과 마찬가지로 아동은 이 게임에서 즐거움을 느끼고 성취감을 경험하며 함께 상호작용을 했다. 아마도 아동과 거의 3~4개월가량 이 규칙을 사용하면서 게임을 했을 것이다. 그 사이 아동도 성장을 하여 좀 더 높은 수준의 규칙을 이해할 수 있게 되었고 그에 따라 우리는 새로운 규칙을 마련했다.

두 번째 새로운 규칙은 '양쪽 카드에서 같은 종류의 과일이 나오면 종을 친다.'로 정했다. 첫 단계의 규칙은 카드 한 장만 잘 관찰하면 되는 데 반해, 두 번째 단계의 규칙은 두 사람의 카드를 동시에 관찰해야 게임이 가능해진다. 승환이는 첫 단계의 게임에서 카드를 다루고 관찰하는 기술이 향상되어서 그런지 두 번째 규칙에 적응하는 데 시간이 오래 걸리지 않았다. 여전히 아동은 할리갈리 게임을 즐겼고 집에서도 이 규칙을 적용하여 가족들과도 함께 했다.

아동의 성장과 함께 세 번째 규칙이 가능해졌다. 아동은 그동안 다섯 개의 그림을 한 번에 보고 숫자를 파악하는 것이 가능해졌고 수를 합하는 것도 어느 정도 되기 시작했다. 나는 아동의 이런 변화를 지켜보며 이제야말로 아동이 일반규칙을 사용할 때라고 판단을 했다. '같은 종류의 과일 합이 다섯 개이면 종을 친다.' 이 규칙을 처음 적용할 때엔 "같은 색깔이야. 그런데 다섯 개가 되는지 세어 봐야 해. 같이 세어보자."라고 하며 일일이 과일을 하나씩 같이 세었다. "아~ 네 개야. 다섯 개가 아니야. 종을 치면 안 되네." "와. 다섯 개다. 같은 과일이 다섯 개야. 그럼 종을 칠 수 있네."라는 말을 하며 아동이 이해하도록 도와주었다. 과일을 세어가며 다섯 개 찾는 것이 익숙해졌을 때 나는 "이제부터는 과일을 소리 내지 않고 세는 거야. 마음속으로 세는 거야."라고 알려주었다. 아동 스스로 소리 내지 않고 과일을 세어 다섯 개라는 것을 알아차리면 아동이 종을 치도록 시간을 기다려주었다.

게임 규칙이라는 것은 딱 한 가지로 정해진 것이 아니며 그럴 필요도 없다. 아동의 수준에 맞게 게임 규칙을 바꿀 수도 있고 단순화시킬 수도 있다. 게임은 규칙을 지키고 익히려는 것이 목적이 아니라 아동과 치료자가 교류하기 위해 사용하는 도구이다. 그럼에도 불구하고 명시된 규칙을 익혀두는 이유는 치료실을 벗어나 아동이 생활하는 일반적 공간에서 또래 아동들과 원활하게 상호작용을 하는 데 명시된 규칙이 유용하기 때문이다.

나는 나이 어린 아동이나 발달이 느린 아동들에게 체스를 가르쳐줄 때 말의 명칭을 쉬운 용어로 알려준다. 체스의 말 명칭이 외국어라 낯설고 쉽게 기억하는 데 어려움이 많다. 그래서 나는 '킹, 퀸' 대신에 '왕, 여왕'이라고 이름을 부르고, 비숍을 '신하', 나이트를 '말 탄 기사' 룩을 '성' 폰을 '쫄병'이라고 말해준다. 처음에 왕과 여왕을 가운데 놓고 "이제 왕과 여왕에게는 신하가 필요해. 그래서 왕과 여왕 옆에 신하 두 명을 양쪽에 놓는 거야."라고 설명한다. "그리고 왕, 여왕, 신하를 지켜주는 사람이 있어야 해. 말을 탄 기사가 지켜줄 거야. 그러니 기사 두 명을 양쪽에 놓자." 아동들은 스토리텔링으로 말의 이름과 위치를 기억하게 된다. 또 다시 나는 "그런데 이 사람들은 모두 성 안에 살아. 성벽으로 보호를 받지. 여기에 성벽을 놓는 거야." 양쪽에 룩을 놓아주고 나서 나는 "적이 쳐들어 올 때 쫄병들이 앞에서 지켜 줘. 쫄병은 아주 많아. 여기 한 줄로 다 서 있는 거야."라고 설명하면 아동들은 나중에 '룩'이니 '폰'이니 하는 명칭을 기억하지 못하더라도 다른 이름으로 그들의 특성과 위치를 기억할 수 있다.

승철이(앞서 소개한 경도 지적장애 아동)는 슈퍼스타 게임을 좋아했다. 부자가 되어 스포츠카도 사고 큰 집도 사는 게 꿈이라고 하며 슈퍼스타에서 돈을 모으는 것을 아주 즐거워했다. 승철이는 비록 게임 속에서지만 유명한 가수도 되고 영화배우도 되었으며, 인기도 얻고 상도 받았다. 승철이는 이 게임을 좋아했지만 점수 계산이나 돈 계산이 스스로 되지 않아 내가 매번 도와주어야 했다.

이 게임도구에는 돈이 포함되어 있는데 그 액수가 100만 원부터 시작되어 아동들의 경제 감각에 잘 맞지 않는 점이 있다. 특히나 발달이 느리거나 어린 아동들에게는 더욱 그러하다. 그래서 나는 아동들과 이 게임을 할 때 돈의 단위를 바꾸어서 사용한다. 아동들이 일상에서 접하는 액수인 100원, 500원, 1,000원, 5,000원, 10,000원으로. 돈의 단위가 낮아졌지만 승철이에게는 그조차도 계산이 어려웠다.

승철이가 이 게임을 하던 초반에는 '게임속 판타지를 통해 즐거움을 느끼는 것'이 승철이에게 더 중요한 목표였다. 그렇기 때문에 당시에는 승철이가 스스로 돈 계산을 못하더라도 치료에 있어 큰 의미는 없었다. 승철이가 4학년이 되었을 무렵에는 상황이 달라졌다. 승철이는 다른 아동들처럼 용돈을 받아 자신이 원하는 것을 사고자 하는 욕구가 생겼다. 그러나 돈의 크기에 대한 이해가 없어 승철이는 물건을 사고 돈을 지불할 때 어려움이 발생했다.

나는 슈퍼스타 게임을 활용하면 승철이가 돈을 계산하는 데 좀 더 익숙해질 것이라 생각했다. 그래서 게임을 할 때 승철이가 스스로 계산을 할 수 있도록 도와주었다. 승철이는 돈의 모양에 따라 단위가 다르다는 것은 이해하고 있었지만 100원이 다섯 개 모이면 500원이고, 500원 두 개가 1,000원인 관계는 모르고 있었다. 나는 승철이가 게임에서 300원을 벌면 손가락 세 개를 하나씩 펼쳐 보이면서 "100원, 200원, 300원. 100원 몇 개를 가져가면 될까?"라고 말을 해주었다. 승철이는 자신 있게 "세 개"라고 대답했고 나는 "그래. 승철이가 아주 잘 아는구나."라고 칭찬을 해주었다. 승철이가 200원을 잃게 될 때 아동은 100원 두 장을 내야 한다는 것을 이해했지만 100원 짜리가 없이 500원을 가지고 있을 땐 그 처리를 바로 하지 못했다. 그때 나는 또 손가락을 하나씩 펼치면서 "100원, 200원, 300원, 400원, 500원. 이 돈은 이렇게 500원이야."라고 말하고 다시 손가락 하나하나를 짚으면서 "100원, 100원, 100원, 100원, 100원. 다섯 개야. 100원이. 네가 여기서 100원 두 개를 내는 거지. 이렇게 100원, 100원. 그러면 얼마가 남을까?" 승철이는 내 손가락 세 개가 펼쳐진 것을 보고 300원이라고 대답을 했다. "와. 우리 승철이는 이것도 아네. 정말 잘했어." 돈을 계산할 때마다 손가락이 사용되었다. 나는 승철이가 100원을 여러 장 얻게 되면 "100원 다섯 장은 500원이지. 다섯 장 되나 세어 보고 바꿔가자."라고 말을 했다. 승철이는 100원을 500원으로 바꾸고 또 500원을 1,000원으로 바꾸면서 점차 돈의 관계를 이해해 갔다.

게임이 반복되면서 승철이는 내가 도움을 주지 않아도 스스로 계산하는 횟수가 많아졌다. 여전히 손가락을 사용했지만 아동은 손가락을 보지 않고 가볍게 조금씩 꼼지락거리면서 돈을 세었다.

일상에서도 승철이는 문구점이나 마트에 가서 혼자 계산을 곧잘 하게 되었다. 10원 단위까지 정확하게 맞추지는 못하지만 어림계산으로 거스름돈을 얼마나 받아야 하는지를 이해하게 되었다.

2. 주의 산만한 아동

집중력이 부족하거나 충동적이어서 한 가지 과제를 오래도록 지속하지 못하는 아동을 일컬어 흔히 산만한 아동이라고 말한다. 이를 좀 더 병리적 차원으로 분류할 때 ADHD라는 명칭을 사용하기도 한다. 산만한 아동은 부주의와 충동성으로 인해 일상생활에서 실수가 잦으며 특히 학습과 관련된 활동에서 어려움을 종종 겪는다. 이로 인해 산만한 아동은 실패를 자주 경험하고 주위 사람들로부터 지적과 부정적 피드백에 노출됨으로써 자존감이 낮아지고 위축되거나 정서적으로 우울하고 불안해지는 등 2차적 정서문제를 가지는 경우가 많다.

보드게임 놀이도구는 산만한 아동이 선호하는 놀이매체인데 그건 아마도 게임이 주는 짜릿함과 함께, 혼자 놀기 싫어하는 이들의 특성이 보드게임을 선택하는 데 영향을 주는 것 같기도 하다. 산만한 아동들이 왜 보드게임을 선호하는지 그 이유를 명확히는 모르지만, 나의 경험에서 볼 때 이들이 보드게임을 선호한다는 것만은 사실이다. 나의 치료실에 오는 산만한 아동들은 대부분 일반놀이를 하는 경우가 극히 적었으며, 한 회기 내내 보드게임만을 하는 경우도 종종 있을 정도였다.

보드게임은 산만한 아동에게 유용한 치료도구이다. 물론 산만한 아동들이 선호한다는 사실만으로도 보드게임은 치료도구로서의 유리한 측면을 가지고 있다. 그러나 보드게임이 가진 특성은 그 이상의 가치를 가지고 있어 산만한 아동들의 문제행동 개선에 매우 유용하게 사용될 수 있다. 카드게임을 포함한 몇몇 보드게임은 부주의와 충동성을 완화시킬 수 있는 연습도구가 될 수 있으며, 운동게임은 이들에게 에너지를 발산하거나 소근육 사용 기회를 제공하기도 한다. 어떤 게임은 산만한 아동에게 필요한 순차적 사고와 계획성 및 타인의 생각을 유추하여 읽어내는 능력을 훈련하는 데 활용될 수 있다.

산만한 아동과 보드게임을 하다보면 치료자는 그들의 어려움을 종종 보게 된다. 덤벙거리느라 자신의 손에 있는 카드를 찾지 못하고, 말을 앞으로 움직이는 대신 반대 방향으로 옮기기도 한다. 체스 등의 게임을 할 때 말을 옮긴 뒤 다시 몇 번씩 번복하는 일도 있고, 텀블린 멍키 게임에서는 생각을 하지 않고 무턱대고 막대를 뽑아 낭패를 보기도 한다. 보드게임에는 아동의 현재 행동이 표현되기 때문에 행동조절의 어려움이 있는 산만한 아동의 경우 보드게임 장면에서 이들의 어려움은 더 자주 드러난다. 이는 다시 말해 보드게임을 하는 동안 이들의 문제행동을 다룰 기회가 그만큼 더 많다는 의미이기도 하다. 치료자가 각각의 게임이 갖는 특성을 잘 이해하고 있다면 보다 효율적으로 산만한 아동에게 게임을 적용하여 치료효과를 높일 수 있다.

멈추고, 생각하고, 행동하기

대부분의 사람들은 어떤 문제에 접하게 되면 하던 행동을 멈추고 그 문제가 어떤 의미인지를 파악하느라 생각을 하게 되고 생각의 결과에 따라 대처행동을 한다. 예를 들어 어떤 친구가 멋진 장난감을 가지고 있을 때 이를 본 아동은 그 친구가 가지고 있는 장난감을 바라보게 된다. 그 아동은 '저 장난감 멋지다. 내가 갖고 싶었던 건데. 나도 갖고 싶다. 한 번만 만져봐도 되냐고 물어볼까?'라는 생각을 한다. 그 아동은 이제 친구에게 다가가 "그거 나 한 번만 만져 봐도 돼?" 하고 물어보고 허락을 구한 후 친구의 장난감을 만져본다. 이 과정은 일반적인 아동이 어떤 행동을 할 때의 실행과정이다. 그러나 산만하고 충동적인 아동들은 실행의 순서가 일반 아동과 다르다. 충동적 특성을 가진 아동들은 먼저 행동부터 시작한다. 친구의 손에서 장난감을 낚아채서 살펴본다. 장난감을 빼앗긴 친구가 불만스러운 태도로 돌려달라고 해도 이 아동은 아직 자신의 욕구가 충족되지 않았기 때문에 그 말이 들리지 않는다. 빼앗은 장난감을 이리저리 살펴면서 자신의 호기심을 충족시킨다. 그러는 사이에 장난감을 빼앗긴 아동은 더 화를 내고 그러다보면 다투는 일까지 벌어진다. 즉 일반 아동의 실행순서는 멈추고, 생각하고, 행동하는 단계를 거치는 반면 산만하고 충동적인 아동들은 행동하고, 생각하고, 멈추는 과정의 실행단계를 밟는다. 이러한 특성으로 인해 산만한 아동들은 또래와 자주 트러블을 일으키고, 과제를 수행할 때 실수를 잘하며 그로 인한 부정적 피드백에 노출되게 된다.

일상에서 산만한 아동에게 '멈추고, 생각하고, 행동하기'를 훈련하기란 매우 어렵다. 훈련 이전에 실수가 되는 행동이 먼저 발생하므로 아동에게는 훈련보다는 훈육과 지적을 받는 일이 되어 버린다. 또한 이러한 훈련은 반복을 요하기 때문에 반복훈련에 취약한 산만한 아동의 경우 그들이 받는 스트레스는 이만저만한 일이 아니다. 이러한 어려움이 보드게임에서는 보다 수월하게 해결된다. 보드게임을 하는 동안 아동은 자신의 실수를 안전한 상태에서 경험하고 되돌아볼 수 있다. 아동의 실수에 대해 치료자가 거울이 되어 반영해주면 아동은 자신의 행동을 자각하게 된다. 그때 치료자는 "네가 실수를 줄일 수 있는 방법을 내가 알고 있어. 그걸 같이 해보자."라고 제안하며 '멈추고, 생각하고, 행동하기'를 아동에게 알려줄 수 있다. 뱀 주사위 게임이나 체스 혹은 장기 등은 '멈추고, 생각하고, 행동하기'를 연습하기에 좋은 게임도구이다.

산만한 아동이 뱀 주사위 게임을 할 때 가장 빈번하게 일으키는 실수는 구슬 이동을 제대로 하지 못하는 것이다. 아동은 주사위를 던진 후에 빠르게 그 수를 센다. 어떤 아동은 수를 셀 때 주사위 눈을 하나하나 세지 않고 덤벙거려 그조차도 잘못 셀 때가 있다. 그러나 그 문제는 차치하더라도 더 큰 실수가 그 이후에 일어난다. 아동은 게임판에서 자신의 구슬을 들고 방향을 살피지 않은 상태에서 어느 한쪽으로 구슬을 이동시킨다. 100까지 올라가야 하는데도 게임판의 숫자를 확인하지 않아 거꾸로 내려갈 때가 종종 있다. 게다가 한참 수를 세며 이동하다보면 자신이 몇 칸을 가야 하는지를 잊고 계속 수를 세며 전진을 한다. 그러다 문득 숫자를 너무 많이 센 것 같아 멈추고 처음 자리로 돌아가 다시 하려고 하지만 그때는 이미 자신이 어느 곳에서 출발했는지 기억조차 하지 못해 돌아갈 자리를 찾지 못한다. 이런 상황은 산만한 아동에게 매우 일반적이다. 이럴 때 나는 아동에게 "저런. 몇 칸을 가야 하는지 잊었구나."라고 아동의 상황을 읽어준다. "숫자도 세야 하고 구슬도 옮겨야 하고 헷갈리지? 헷갈리지 않고 실수를 줄일 수 있는 방법을 내가 알고 있는데 이 방법을 한번 써보자. 이 방법의 이름은 '멈추고, 생각하고, 행동하기'라는 거야. 내가 그 방법을 써 볼 테니까 네가 한 번 봐." 나는 아동에게 이렇게 말한 후에 주사위를 던진다. 그리고 주사위 수를 센 후에 "일곱 칸이야."라고 말한다. "자. 이제 난 멈출 거야. 그리고 생각을 할 거야. 어느 방향으로 몇 칸을 가야 하는지 생각을 할 거야. 이쪽 수가 적고 이쪽 수가 많으니까 이 방향으로 일곱 칸을 가면 돼. 이제 난 다 생각을 했어. 그래서 이제 행동을 할 거야." 나는 구슬을 들고 진행방향으로 옮기면서 수를 센다. 정확하게 일곱 칸을 이동시킨 후에 "이제 다 왔어. 실수하지 않았어. 이제 네가 할 차례야." 나는 아동이 주사위를 던지고 수를 셀 동안 기다린다. 그런 후에 "자. 이제 멈춰."라고 하며 아동이 곧바로 구슬을 이동시키지 않도록 알려준다. 아동이 행동을 멈추면 "그래. 넌 멈췄어. 이제 생각을 하는 거야. 어느 방향으로 몇 칸을 가야 하는지 생각을 하자."라고 제시한다. 아동은 주변 숫자를 살피고 "이쪽 방향으로 다섯 칸"이라고 말한다. "그래. 네가 생각을 끝냈어. 그럼 이제 행동을 하는 거야."라고 알려준다. 아동은 구슬을 잡고 다섯 칸을 옮긴 후에 정확하게 멈춘다. 나는 "네가 아주 정확하게 옮겼어. 넌 실수하지 않았어. 넌 멈추고, 생각하고 행동하기를 사용한 거야."라고 격려해준다. 나는 내 차례일 때와 아동의 차례 일 때 이를 반복해서 제시한다. 몇 번 이를 연습하다보면 설명이 필요 없이 단어만 내가 제시하면 된다. 아동이 주사위 수를 세고 나면 "멈추고"라고 말하며, 아동이 멈춘 것을 확인하면 "생각하고"하며 운을 띄운다. 그러면 아동 스스로 "이쪽 방향으로 아홉 칸"이라고 말한다. 그러면 나는 다시 "행동하기"라고 말하면 된다. 나중에는 이런 단어들을 내가 말하지 않아도 스스로 아동이 이를 수행한다. 그러나 어느 순간 아동이 이 방법을 잊고 또 덤벙거리며 실수를 하는데 그러면 나는 또 다시 '멈추고, 생각하고, 행동하기'라는 단어를 제시해주며 아동이 이를 수행하도록 도와준다.

체스나 장기는 좀 더 큰 아동들에게 적용할 수 있는 게임이다. 체스나 장기는 각각의 말이 이동하는 방법이 다르고 사고력을 요하는 전략게임이기 때문에 어느 정도 인지력이 있는 아동에게 사용 가능하다. 이 게임 역시 '멈추고, 생각하고, 행동하기'를 연습하기에 좋은 도구이다. 산만한 아동들은 이 게임을 할 때 말을 한 번에 이동시키지 않는다. 일단 말을 잡고 칸을 옮긴 후에 "아. 아니다. 아니다."라고 하며 다시 제자리로 돌아간다. 그리고 다른 쪽으로 또 이리저리 옮겨본다. 몇 번 이렇게 옮기다보면 원래 있던 자리가 어디인지 몰라 엉뚱한 곳에 놓아버린다. 그리고 또 다른 말을 잡고 같은 상황을 반복한다. 아동들끼리 하는 놀이에서 이 같은 행동은 종종 분쟁의 소지가 되며, 그러한 아동은 놀이에서 배척 대상이 된다.

나는 산만한 아동들과 체스게임을 하게 되면 우선 아동이 말을 이리저리 고쳐 옮길 때 충분히 기다려주며 "네가 어디로 옮겨야 할지 생각이 많구나."라고 읽어준다. 어느 정도까지 이러한 행동을 허용하며 아동의 행동을 읽어주어 아동 스스로 자신의 행동을 인식하도록 한다. "너무 많이 움직여서 원래 어디에 있었는지 헷갈리는구나." "네가 그 말을 옮기려고 했다가 다시 마음이 바뀌었구나." "네가 계속 바꾸니까 내 차례가 언제인지 모르겠어." 아동은 내가 읽어주는 말에 신경을 쓰지 않을 때도 있다. 그러한 말은 귀에 들어오지 않고 자신이 옮기려는 말에만 온통 몰두해 있기도 한다. 나는 적어도 몇 회기는 이런 상태를 그대로 둔다. 아동이 자기인식을 할 수 있는 기본적인 시간이 필요하며, 내가 '멈추고, 생각하고, 행동하기'를 제안했을 때 아동이 이를 받아들일 충분한 근거를 마련하기 위해서이다. 적당한 시기가 되면 나는 체스를 시작하기 전에 먼저 '멈추고, 생각하고, 행동하기'를 제안한다. "오늘부터는 우리가 말을 한 번만 움직이면서 게임을 해볼 거야." 이렇게 말하면 아동들은 왜 그러냐고 묻는다. "네가 말을 한 번만 움직인다면 게임을 할 때 실수를 줄일 수 있어. 그리고 말을 여러 번 움직이지 않아서 헷갈리지 않고 할 수 있어." 그러고 나면 나는 본격적으로 '멈추고, 생각하고, 행동하기'에 대해 설명해준다. "말을 한 번만 움직이면서 하는 작전을 '멈추고, 생각하고, 행동하기 작전'이라고 해. 자. 이렇게 하는 거야. 우선 말을 움직이기 전에 손으로 말을 건드리지 않고 멈추는 거야. 그런 다음에 어떤 말을 움직일지 마음속으로 정하는 거야. 그리고 그 말을 이동시키려는 곳을 손가락으로 짚고 그곳이 안전한 곳인지 아닌지 생각을 하는 거야. 만일 안전하다고 생각을 들면 그때 행동하는 거야. 네가 말을 잡고 그곳으로 옮기는 거지. 이렇게 하면 한 번만 움직이면서 게임을 할 수 있어." 아동들은 이러한 설명을 곧바로 이해하지 못한다. 나는 우선 설명을 해주고 나서 직접 게임을 하며 이를 다시 알려준다. 서로 게임 준비를 마치면 나는 "자. 이제부터 멈추고 생각하고 행동하기 작전으로 게임을 하는 거야. 넌 어떤 말을 옮기고 싶어? 아직 움직이지 말고 말로만 하는 거야." 그러면 아동은 폰을 가리킨다. "응 넌 지금 멈추기를 했어. 그리고 그 폰을 옮기려고 해. 자 아직은 행동하기가 아니야. 멈추기를 했으니 생각하기를 할 차례야. 넌 그 폰을 어디로 옮기고 싶으니? 손가락으로 가리킬 수 있어." 아동이 한 곳을 가리킨다. "그래. 넌 생각하기를 하는 거야. 그곳으로 옮길 생각을 했어. 손가락으로 그곳을 짚고 다시 생각을 해 보는 거야. 그곳이 정말 안전한지? 혹시 다른 곳으로 옮기고 싶은 생각은 없는지? 거기보다 더 좋은 곳이 있는지?" 아동은 그곳으로 옮기겠다고 한다. 그러면 나는 "좋아. 너는 이제 생각하기를 마쳤어. 행동하기를 할 차례야."라고 알려준다. 아동이 말을 옮기면 나는 "너는 지금 멈추고, 생각하고, 행동하기를 했어. 그래서 한 번에 말을 옮겼어."라고 요약을 해준다. 나의 차례가 되면 나는 내 행동을 '멈추고, 생각하고, 행동하기'에 맞춰 읽어주면서 게임을 한다. "이제 내 차례야. 나는 멈추었어. 이제 생각하기를 할 거야. 나는 다음에 비숍을 나가게 하기 위해 앞을 막고 있는 폰을 움직이겠다는 생각을 해. 이쪽으로 갈 수 있고 이쪽으로도 갈 수 있어. 나는 둘 중에 이쪽으로 가기로 했어. 이제 생각을 마쳤으니 행동하기를 할 거야." 이렇게 말하고 폰을 옮긴다. 다시 아동의 차례가 되면 나는 간단하게 '멈추고, 생각하고, 행동하기' 운을 띄워준다. 그러면 아동은 그에 맞춰 자신의 행동을 조절하며 게임을 한다.

계획을 세워 실행하기

산만한 아동들은 그들이 가진 충동성으로 인해 행동이 즉흥적일 때가 많다. 어느 한 가지를 오래도록 생각하거나, 문제를 해결하기 위해 집요하게 방법을 찾아보는 등의 행동은 이들과는 거리가 멀다. 이런 특성으로 인해 산만한 아동들은 마치 아무 생각 없이 행동하는 것처럼 보인다. 산만한 아동들은 오래도록 집중하는 데 어려움이 있어 일의 앞뒤를 생각하기보다 빠른 일처리를 선호한다. 그래서 충분히 아동의 능력으로 해결할 수 있는 일도 서둘러 처리하는 바람에 실패를 하거나 혹은 완성도가 낮아지는 결과로 이어진다. 산만한 아동들이 과제수행에서 보다 성공적인 결과를 얻으려면 일의 순서를 정하고 그에 맞춰 실행하는 것이 필요하다.

계획 세우기는 아동이 해야 할 일을 빠트리지 않고 수행하는 데 필요하며 성공적인 결과를 얻기 위한 효과적인 방법이다. 보드게임에서 이러한 '계획 세워 실행하기'를 연습할 수 있다. 나는 이를 위해 까롬게임이나 알까기, 당구게임 등을 자주 활용한다.

산만한 아동들은 까롬게임을 할 때 무작정 알을 튕겨 운에 따라 아무 알이나 홈에 들어가길 기대한다. 그렇기 때문에 성공률이 낮을 뿐더러 아동들은 경험을 통해 자연스럽게 배우는 데도 어려움이 있다. 이럴 때 나는 먼저 나의 계획과 그에 따른 실행과정을 말로 표현하여 아동이 들을 수 있도록 한다. 내 순서가 되면 나는 "나는 내 스트라이커로 이 알을 맞출 거야. 그래서 이 알이 이 구멍으로 들어가도록 할 거야."라고 계획을 말한다. 그런 후 "그럼 이제 방향을 잡아볼까? 이 방향이 좋겠어."라고 하면서 손으로 스트라이커와 맞출 알과 구멍이 한 줄이 되도록 선을 그으며 움직인다. 그런 후에 스트라이커를 튕긴다. 내가 이런 과정을 반복해 말하면 어떤 아동들은 내 행동을 모델링하여 자신의 차례에서 사용한다. 그러면 나는 "네가 어느 것을 맞출지 계획을 세웠구나." "네가 세운 계획대로 하는구나."라고 하며 격려해준다. 그러나 산만한 아동의 대부분은 내가 아무리 반복하여 이 과정을 말하더라도 그에 대해 집중을 하지 않고 관심 없이 자기 방식대로만 한다. 그런 아동의 경우 나는 아동의 차례가 되었을 때 "넌 어느 것을 맞추려고 하니?"라고 물어본다. 아무런 계획 없이 하던 아동들은 나의 질문에 멈칫하며 서둘러 목표를 정하려 한다. 게임판을 둘러보다가 "이거요."라고 하며 손으로 가리킨다. "응. 넌 그걸 맞춰서 이 구멍에 넣으려고 하는구나."라고 나는 읽어주면서 "꼭 들어가면 좋겠다."라고 응원을 해준다. 목표를 정했다고 해서 득점에 성공하는 것은 아니다. 아동이 실패하면 실망한 마음을 읽어주며 다음 계획을 세우도록 격려해줄 수 있다. 계획을 세워 실행할 경우 시행착오를 통해 아동 스스로 보다 좋은 방법을 찾아낼 수 있다. 그렇기 때문에 우연에 의지해 게임할 때와 달리 앞서 세운 계획의 결점을 찾아 보완해내는 경험을 함으로써 아동은 게임을 자신의 통제하에 두게 된다. 아동이 맞추고자 하는 알에 대해 어느 정도 계획을 세워 실행하는 것이 익숙해지면 나는 다음 단계를 제시한다. 이때에도 나는 우선 내 차례에서 내 의도와 실행을 말로 표현해준다. 방향을 잡아 실행한 이후 실패했을 때 나는 "아. 아쉽다. 알을 너무 세게 친 것 같아. 다음엔 좀 더 약하게 쳐야겠어."라고 하며 실패한 이유를 추측하여 표현한다. 다음 내 차례가 다시 왔을 때 나는 이제 두 가지를 모두 말한다. "이 알을 쳐서 여기로 들어가도록 계획을 세웠어. 그런데 구멍에 가까이 있으니까 살짝 치기로 했어." 아동들은 이를 보며 모델링하여 자신도 힘 조절을 시도한다. 아동들은 자신이 알을 튕기고 나면 "아. 너무 세게 쳤나봐." 혹은 "방향이 안 맞았어."라고 하며 자신의 실수에 대해 스스로 알아차린다. 아동들은 계획을 세우고 수행하며 그에 따른 결과를 경험하는 과정을 통해 과제를 스스로 해결하는 방법을 연습하게 된다.

하나씩 나눠서 사고하기

산만한 아동들은 대체적으로 순차적 사고나 혹은 쪼개어 사고하는 방법을 잘 사용하지 않는다. 이들은 다각도로 고려해야 하는 과제를 만나면 쉽게 포기를 하거나 아니면 부분적 단서에 의존하여 문제를 해결하고자 한다. 예를 들어 여러 그림이 들어있는 지면에서 과일만 선별하여 체크하는 과제를 주면 대체적으로 산만한 아동들은 무작정 눈에 먼저 띄는 과일을 찾아 동그라미 치기에 바쁘다. 연신 눈과 손이 왼쪽으로 갔다가 오른쪽으로 갔다가 하며 규칙성 없이 움직인다. 그러나 순차적 사고를 하는 아동의 경우에는 왼쪽 혹은 오른쪽부터 순서대로 그림을 하나씩 확인하며 과일을 찾아낸다. 당연히 순차적 사고를 하는 아동이 실수가 적고 완성도가 높을 수밖에 없다. 몇몇 보드게임은 산만한 아동이 순차적 사고를 할 수 있도록 돕는 데 유용하다.

　나의 치료실에 오는 아동들은 연령에 관계없이 코코타키라는 보드게임을 아주 좋아한다. 게임이 단순하여 누구나 쉽게 익힐 수 있으면서도 승패에 반전이 있어 그런 것 같다. 특히 이 게임은 승패를 빨리 보길 원하는 아동들에게 더욱 인기가 있어, 한 가지를 오래도록 지속하기 어려워하는 산만한 아동들이 아주 좋아하는 게임이다. 산만한 아동들은 이 게임을 좋아하지만 실수도 빈번히 한다. 그들은 자신이 실수를 하는지조차 모르고 넘어갈 때가 비일비재하다. 산만한 아동들은 대부분 이 게임을 할 때 한 가지 단서에만 의존하는 경향이 있다. 예를 들어 내가 빨간 고양이 카드를 내면 이 아동들은 자신의 카드 중에 빨간색을 찾다가 그러한 색깔이 없으면 이내 "없어요."라고 하며 새로운 카드를 가져간다. 빨간색 말고 노란색이나 파란색의 고양이 카드가 있지만 그것을 찾아보려는 생각조차 하지 않는다. 이렇게 실수하는 아동들을 살펴보면 대부분 동물 모양보다는 색깔에 먼저 반응을 한다. 색이 모양에 비해 더 즉각적인 자극을 주는 것 같다. 실수를 유발하는 게임을 역이용하면 평소 이들이 하는 실수를 줄이는 훈련을 시도할 수 있을 거라고 나는 생각했다. 즉 이 게임을 통해 두 가지 단서를 순차적으로 처리하는 훈련을 함으로써 동시처리로 인해 벌어지는 실수를 줄일 수 있다는 의미이다. 나는 빨간색 고양이 카드를 내면서 산만한 아동에게 "내가 빨간 고양이를 냈어. 빨간색이 있나 먼저 찾아보자."라고 제시한다. 아동은 카드를 둘러보다가 "빨간색이 없어요."라고 한다. "좋아. 그럼 이제 빨간 고양이니까 고양이가 있나 찾아보자."라고 다시 말한다. 그럼 아동은 "고양이 있어요."라고 하며 파란 고양이 카드를 낸다. "네가 고양이를 찾았구나. 자 그럼 이제 나한테 파란색이나 고양이가 있는지 찾아볼 차례야."라고 나는 목표를 말해준다. 그리고 사고하는 과정을 말로 계속 표현을 해준다. 카드를 하나씩 확인하면서 "파랑, 파랑, 파랑, 파랑... 어. 파랑이 없어. 그럼 다시 고양이를 찾아볼게. 고양이, 고양이, 고양이... 고양이가 있어. 노란 고양이야." 이렇게 하나씩 말로 표현한다. 다시 아동의 차례가 되면 나는 "내가 노란 고양이를 냈어. 넌 무슨 색을 낼 수 있고, 무슨 동물을 찾아야 할까?"라고 묻는다. 아동은 "노란색, 고양이"라고 대답한다. "좋아. 그럼 노랑부터 찾아보자." 아동은 노랑을 먼저 찾아본다. 그러다 있으면 노랑을 낸다. 없을 때는 "없어요."라고 한다. "그럼 이제 고양이를 찾아볼까?" 매번 이렇게 말을 표현해주어 아동이 익숙해지도록 한다. 아동이 익숙해지면 이제 나는 간단하게 "색깔" "동물"이라고만 언급해준다. 이러한 훈련이 반복되면 산만한 아동들은 스스로 색깔이나 동물 중 어느 한 가지 단서를 먼저 확인하고 이후 다른 단서를 찾는 방법에 익숙해지며 실수가 줄어든다.

제 **6**장

보드게임 선정과 활용하기

1. 보드게임 선정

치료에 사용하는 보드게임은 어떤 것이 좋을까? 사용자 입장에서 보면, 시판되는 보드게임의 종류가 너무 많고 다양하다보니 오히려 게임 도구를 고르기가 더 어렵다. 치료용 보드게임은 일반 가정에서 사용하는 것과 달라야 할까? 꼭 그렇지만은 않다. 상업적 보드게임 중에는 치료에 사용하기에 훌륭한 도구들이 많이 있다. 다만 치료실에서 보드게임을 구입할 때 가정용과 다른 점이 있다면 단순한 흥미 위주가 아니라 치료를 위한 몇 가지 기준을 고려하는 것이 필요하다.

첫째, 보드게임은 아동들이 좋아할 만한 주제와 소재를 담고 있어야 한다. 치료실에서 아동들이 좋아하는 보드게임 중 하나가 '니노 델피노'이다. 이 게임은 돌고래가 물개를 쫓아가서 잡으면 공을 빼앗는 그런 게임이다. 아동들은 쫓고 쫓기는 놀이를 좋아하고, 또 게임 캐릭터들이 동물이거나 만화 캐릭터일 때 더 흥미를 느낀다. 살인사건의 범인 찾기 등 아동들 세계와 너무 동떨어진 게임은 그 게임 자체는 훌륭하더라도 아동들에게는 적합하지 않다.

둘째, 내구력이 좋고 안전성이 확보된 것이어야 한다. 게임도구도 놀잇감과 마찬가지로 쉽게 부서지거나 모서리 등이 날카로워 아동들이 다칠 위험이 있으면 안 된다. 플라스틱 게임 도구의 경우 모서리나 이음새 부분의 마무리 처리가 잘되어 있는지 살펴보고 골라야 한다.

셋째, 게임 방법이 너무 복잡하지 않아야 한다. 게임 방법이 지나치게 복잡하면 게임을 익히는 데 에너지와 시간을 많이 소요하게 되어 아동들이 게임을 시작하기도 전에 지쳐버린다. 특히나 어린 아동들의 경우 게임 방법이 복잡하면 치료적 활용도가 더 낮아진다.

넷째, 게임 소요시간이 지나치게 길지 않아야 한다. 어떤 게임의 경우 2시간이 훌쩍 넘어가는 게임들도 있다. 치료실은 치료시간이 정해져 있기 때문에 게임 소요 시간이 너무 길면 게임을 끝까지 진행하기 어렵다. 그뿐만 아니라 게임을 하면서 발생하는 여러 가지 일들을 아동과 다루어야 하는데 그러기에 시간이 부족해 치료의 질을 떨어트릴 수 있다. 치료실에서 사용하는 대부분의 게임은 10분 이내가 적당하며 전략 게임 등 시간이 오래 걸리는 게임이라도 20~30분을 넘지 않는 것이 좋다.

이러한 점들이 고려된다면 어떤 보드게임이더라도 치료에 유용하게 사용할 수 있을 것이다.

2. 보드게임 활용하기

보드게임은 일반적으로 친밀감 형성, 사회적 기술 증진, 즐거움, 긴밀한 상호작용, 정서적 유대 등을 위해 치료적으로 유용하게 사용된다. 여기에서는 보드게임이 가지는 보편적인 유용함을 설명하기보다는 각각의 보드게임이 가지고 있는 특별한 치료적 기능과 이를 치료에서 활용하는 방법을 기술하고자 한다.

♟ 3D 뱀 주사위 🎲

기본 게임 방법

각자 구슬을 하나씩 골라 말로 사용한다. 누가 먼저 할지 정한 후에 주사위 두 개를 동시에 던져 나온 수의 합만큼 말을 이동시킨다. 100까지 먼저 도착하는 사람이 승자가 된다. 중간에 사다리와 함정이 있어 빠르게 올라가기도 하고 아래로 떨어지기도 하기 때문에 갑자기 순위가 뒤바뀔 수 있다. 주사위에서 더블찬스(두 개의 숫자가 동일할 때)를 얻으면 한 번 더 던질 수 있다. 이 게임에서 주의할 점은 주사위를 던진 사람이 자신의 말을 이동하기 전에 다음 사람이 던져진 주사위를 만지지 않아야 한다. 가끔 수를 잘못 보거나 말을 이동하던 중에 몇 개인지 잊는 아동들이 있는데 그때 트러블이 발생하지 않으려면 던져진 주사위가 일시적으로 보존되는 것이 좋다.

치료적 활용

❶ 행동조절 : 충동적인 아동의 경우 상대방의 차례가 끝나기도 전에 이미 주사위를 던져 자기 순서를 진행하는가 하면, 자신의 말뿐 아니라 상대방 말도 자신이 다 옮겨 놓아 트러블이 자주 발생한다. 이런 특성의 아동에게 멈추고 기다리게 함으로써 충동조절을 훈련하는 데 사용할 수 있다. 또한 충동적인 아동들은 자신이 몇 칸을 이동해야 하는지 이동 도중 주사위 숫자를 잊거나 이동 방향에 오류를 번번이 일으킨다. 이때 '멈추고, 주사위 숫자를 확인하고, 이동하는 방향을 확인한 뒤, 구슬을 옮기는 행동'을 하도록 훈련하는데 이 게임을 활용할 수 있다. 특히 충동적인 아동과 이 게임을 할 때는 말의 이동이 끝날 때까지 던져진 주사위를 만지지 않는 것이 좋다. 이 아동들은 수시로 자신이 던진 주사위의 숫자를 확인해야 하기 때문이다.

❷ 정서표현과 조절 : 사다리를 타거나 더블 찬스를 얻을 때 치료자가 아동을 축하해주고 함께 기뻐해줌으로써 아동이 긍정정서를 표현하고 인식하는 데 도움을 줄 수 있다. 또한 함정에 빠지거나 원하는 숫자가 나오지 않았을 때의 실망감을 읽어주고 심호흡 등을 활용해 정서를 조절할 수 있도록 도울 수 있다.

❸ 인지력 향상 : 주사위 눈의 수를 세는 것, 칸을 이동하는 것 등은 아동의 수 세기에 도움을 준다. 또한 두 개의 주사위 수를 더하는 간단한 연산활동이 가능하다. 어린 아동이거나 발달이 느려서 연산이 어려울 경우 처음에는 두 주사위 수를 연속해서 모두 세는 방법을 사용한다. 수 세기가 익숙해졌을 때엔 한쪽 주사위 수에 다른 주사위 수를 하나씩 얹어가며 세는 활동을 하면 연산에 좀 더 익숙해진다. 예를 들어 양쪽 주사위 숫자가 각각 (5, 2)가 나왔을 때 처음에는 "1, 2, 3, 4, 5,

6, 7" 하며 하나씩 손가락으로 점을 세어가면서 "7"이라는 것을 인식할 수 있다. 그러나 나중에는 "5"에서부터 시작을 해도 아동들이 이를 이해한다. 한쪽 주사위의 눈이 '다섯 개, 두 개' 라는 것을 한눈에 인식하는 경우 '다섯'부터 시작을 해 두 개의 수를 얹는다. "다섯, 여섯, 일곱"

❹ 의사소통 증진 : 예측하기를 통해 서로 의사소통이 촉진된다. 예를 들어 아동이 사다리를 타고 싶어 한다면 "지금에서 몇 칸을 가면 사다리가 나오는지 세어보자."라고 하여 함께 세어본다. "와. 다섯 칸이 나오면 너는 사다리를 탈 수 있어. 내가 응원해 줄게." 그러면 아동도 "선생님은 일곱 칸 나오면 함정이에요. 일곱 칸 나와라. 일곱 칸 나와라. 하하하"라고 하며 서로 자신의 바람을 표현하게 된다.

게임 방법 변형

❶ 거꾸로 내려가기 : 100에서 출발해서 거꾸로 1에 도착하는 게임으로 변형시킬 수 있다. 100까지 갈 때는 사다리를 타길 원하지만 반대로 내려가기를 할 때는 사다리가 불행이 된다. 아동들은 이 의외의 상황에서 웃음을 터트린다.

❷ 100에 딱 맞춰 끝내기 : 99까지 갔다가 4가 나오면 1칸 앞으로 가서 1을 쓰고 나머지 3은 뒤로 가 97에 있어야 한다. 다음번에 3이 나와야 게임을 끝낼 수 있다. 이 방법은 앞서 가더라도 정확하게 100을 못 맞추면 계속 그 자리에 머물러야 하기 때문에 인내력과 감정 조절이 더 크게 요구된다.

♟ 게스 후 🎲

기본 게임 방법

게임판의 창문을 열어 놓고 시작한다. 각각 자신의 캐릭터를 하나씩 고른다. 상대방이 고른 캐릭터를 먼저 맞히는 사람이 이긴다. 한 사람이 먼저 상대방이 고른 캐릭터를 추측하며 그 특징과 관련된 질문을 한다. 대답은 '예, 아니요'로만 할 수 있다. 특징을 맞힌 것은 열어 놓고 나머지 창문은 닫는다. 한 사람이 끝나면 같은 방법으로 다음 사람이 질문을 한다. 모든 창문이 닫히고 마지막 하나가 남으면 그게 정답이 되며 그 사람이 이긴다.

치료적 활용

❶ 인지력 향상 : 특징을 범주화하고 세분화하는 능력이 필요한 게임이다. 또한 캐릭터의 세부적 특징을 세심하게 살펴야 하므로 관찰력이 향상된다.

❷ 의사소통 증진 : 상대방의 질문 내용을 잘 들어야 '예' '아니요'로 대답

을 할 수고, 상대방 역시 '예' '아니요' 대답에 따라 자신의 창문을 닫아야 할지 열어야 할지 결정할 수 있어 대화에 집중하게 된다. 대화하는 것을 부끄러워하는 아동의 경우 이 게임이 초기의 부끄러움을 탈피하는 데 도움이 된다.

게임 방법 변형

❶ 기억력 게임으로 변형 : 어리거나 발달이 늦어 게스 후 게임을 하기 어려운 아동들에게 사용할 수 있다. 창문을 다 닫은 상태에서 캐릭터 한 가지를 고른다. 창문을 하나씩 열어 어디에 그 캐릭터가 있는지 찾아내는 게임이다. 번갈아 가며 한 번에 창문 한 개씩만 열수 있는 방법으로 해도 되고, 번갈아 하지 않고 무작정 창문을 빠르게 열어 먼저 캐릭터를 찾는 방법으로 해도 된다. 어린 아동일수록 후자를 더 좋아한다.

고양이와 쥐

기본 게임 방법

치즈 다섯 조각을 먼저 모으면 승리하는 게임이다. 각자 자신의 쥐 한 마리를 골라 치즈 덩이 위에 올려놓고 고양이 피규어는 아래쪽 고양이 그림 위에 놓는다. 모든 참여자는 자신의 쥐를 치즈 덩이의 구멍을 통과시켜 도착한 곳에서 게임을 시작한다. 순서를 정한 뒤 첫 번째 참여자가 주사위를 던져 나온 수만큼 시계 방향으로 이동을 하고 그곳에 표시된 지시대로 치즈를 얻거나 잃는다. 만일 사다리에 도착하면 치즈 덩이 위로 올라가 구멍에 다시 빠져 치즈를 얻거나 잃는다. 마지막으로 고양이를 한 칸 이동시키는데 그곳에 게임 말이 있는 경우 그 참가자는 치즈를 하나 잃게 된다. 자신의 쥐가 고양이 그림에 도착하면 고양이 피규어를 자신이 원하는 칸으로 이동시킬 수 있다. 물론 고양이에게 잡힌 참여자는 치즈를 하나 잃는다. 이 과정이 끝나면 다음 참여자가 같은 방법으로 게임을 한다.

치료적 활용

❶ **충동조절** : 주사위를 던지고 바로 무언가를 실행하는 게임과는 달리 이 게임은 해야 할 일이 많다. 그러다보니 상대방의 순서가 다 끝날 때까지 시간이 많이 걸린다. 그 과정을 기다리며 지켜봐야 하고 자신도 순서에 맞게 진행을 해야 하므로 '멈추고 생각하고 행동하는 실행 능력'이 요구된다. 충동적인 아동들에게는 "기다려 줘. 내가 다 끝나면 그때 네가 하는 거야."라는 말을 수시로 하여 충동을 조절시킬 수 있다. 이 게임은 자신의 순서뿐 아니라 다른 사람의 순서에서도 자신의 쥐가 고양이에게 잡혀 치즈를 잃는 일이 발생하므로 게임에 항시 집중하고 있어야 한다. 산만한 아동의 경우 자신의 차례일 때만 관심을 갖고 다른 사람이 할 때는 딴짓을 하는 경우가 많은데 그런 아동들의 주의집중 향상에 이 게임을 활용할 수 있다.

❷ **순차적 실행** : 주사위를 던지고, 수를 확인하고, 쥐를 이동시키고, 치즈를 모으거나 버리고, 고양이를 옮기는 연속과정이 이 게임에서 매번 실행된다. 순서에 맞춰 빠트리지 않고 하는 훈련을 할 때 이 게임이 도움이 된다. 특히 순차적 사고와 실행에 어려움이 있는 주의산만한 아동들의 실행기능 향상 훈련에 이 게임을 활용할 수 있다.

❸ **감정 조절** : 이 게임은 거의 다 이겼다는 생각이 드는 순간 느닷없이 치즈를 빼앗기는 경우가 종종 발생한다. 치즈를 잃고 얻는 일이 매우 빠르게 발생하므로 그때마다 상황을 이겨내는 힘이 필요하다. 이 상황은 아동들에게 감정을 조절할 유용한 기회로 사용될 수 있다.

♟ 까롬 알까기 🎲

기본 게임 방법

각자 자신의 스트라이커를 자신의 앞쪽 줄 가운데 놓는다. 스트라이커를 손가락으로 튕겨 다른 알을 맞춰 사각의 판 네 귀퉁이에 있는 홈에 알을 넣으면 그 알을 딸 수 있으며 게임판에서 모든 알이 다 사라지면 게임이 끝난다. 알의 색깔에 따라 점수를 다르게 정할 수 있다.

치료적 활용

❶ 계획 세우기 : 대부분 처음에는 아동들이 무작정 아무 알이나 치는 경향이 있다. 그러나 차츰 게임이 진행되면 자신이 어떤 알을 어디에 넣어야겠다는 목표를 암묵적으로 가지게 된다. 그러나 충동적이거나 인지력이 다소 낮은 아동의 경우엔 이러한 계획 세우기를 스스로 마련하지 못할 때가 있다. 이때 치료자는 자신의 계획을 말로 표현하며 상대방 아동이 이를 모델링하도록 도와줄 수 있다. 즉 "나는 이 알을 여

기에 넣을 거야."라고 하며 알을 튕긴다. 치료자가 반복적으로 계획을 노출시키다보면 어느 순간 아동이 이를 모방하여 사용하게 된다. 실행을 하기 전에 생각을 하고 계획을 세우는 과정을 건너뛰는 충동적 아동들에게 효과적으로 사용할 수 있다.

❷ 조절과 자기통제 : 스트라이커를 칠 때 거리에 따라 손가락 힘을 달리해야 홈에 알을 넣을 수 있다. 성급한 아동들은 무조건 세게 쳐서 넣으려고 하는데 계속 시행착오를 거듭하다보면 힘 조절이 필요하다는 것을 아동 스스로 인식한다. 이 게임을 통해 아동들은 자신의 힘을 조절하고 통제하는 경험을 할 수 있다. 일상에서 힘에 대한 조절과 통제가 필요한 아동들에게 이 게임을 연결시켜 인지행동 치료로 활용할 수 있다.

♟ 까마귀 열매 따기 🎲

기본 게임 방법

이 게임은 협력게임이다. 게임판에 네 종류의 과일을 모두 올려놓는다. 게임 참가자는 주사위를 던져 그때 나온 색깔의 과일을 딸 수 있다. 바구니 그림이 나오면 원하는 과일 2개를 얻을 수 있다. 까마귀 그림이 나오면 까마귀 퍼즐 하나를 가져가 까마귀 사진판에 채워 넣는다. 까마귀가 퍼즐을 완성하기 전에 모든 과일을 다 따게 되면 참가자 모두가 승자가 된다.

치료적 활용

❶ 승부에 집착하는 아동 : 유난히 승부에 집착을 하며 경쟁적인 아동은 자신 이외의 다른 사람들을 모두 경쟁 상대로 여긴다. 이런 아동에게 '까마귀 열매 따기'는 새로운 게임 세상을 경험하게 해준다. 까마귀를 상대로 게임 참여자가 동맹관계를 형성하여 같은 목표를 가지고 게

임을 하게 된다. 아동은 자기뿐 아니라 상대방도 더 많은 과일을 따길 바라며 응원함으로써 경쟁이 아닌 협력관계를 경험하게 된다. 승부를 두려워하는 아동에게도 이 게임은 도움이 된다. 자신이 질까봐 게임을 못하는 아동들이 있는데 이러한 아동들은 함께 게임을 하는 치료자가 든든한 지원자이며 의지할 대상이 되므로 안심하고 게임에 참여할 수 있다.

❷ 관계 형성 : 게임은 승부를 기본으로 이루어지다보니 아직 관계 형성이 덜 된 상태에서 아동과 치료자가 게임을 할 경우 패배의 여파를 아동이 크게 느낄 수 있다. 이럴 때 이 게임은 경쟁보다는 협력을 경험하게 함으로써 동질감과 연대감이 증진되어 친밀감 형성에 효과적으로 사용할 수 있다.

♟ 낚시 🎲

기본 게임 방법

낚싯대를 한 손으로 잡고 움직이는 물고기를 잡는 게임이다. 조정능력이
낮은 어린 아동의 경우 한 손으로 낚싯대를 잡고 한 손으로 낚싯줄 끝을
잡아 물고기 입에 붙이는 방식으로 게임을 하기도 한다.

치료적 활용

❶ 시지각-운동 협응 능력의 발달 : 움직이는 물고기를 보며 그에 맞춰 손
  을 움직여 잡아야 하므로 시각-운동 협응뿐 아니라 손의 조정능력이
  필요한 게임이다. 조정능력이 유독 낮은 아동과 이 게임을 할 때 치료
  자는 최대한 느리게 하고 실수를 많이 하여 아동보다 적게 잡음으로
  써 실패로 인한 아동의 불안을 줄여주는 것이 필요하다.

❷ 인내력과 주의력 : 물고기를 계속 관찰하여 언제 입이 벌어지는지 알아
  차려야 하기 때문에 지속적인 주의가 필요하다. 또한 기다렸다가 입

이 벌어질 때 잡아야 하며, 잘 잡히지 않아 실패를 자주 하므로 인내력이 필요한 게임이다. 아동이 꾸준히 게임에 몰입할 수 있도록 놀이 도중 "와 벌써 그렇게 잡았어? 좋겠다." "너는 아주 신중하게 잡고 있구나." "실수를 해도 포기하지 않는구나." 등의 지지와 격려반응을 해주는 것이 도움이 된다.

❸ 숫자 세기와 수의 차이에 대한 이해 : 어린 아동이나 발달이 느린 아동의 경우 게임을 하며 수 세기와 수의 차이에 대해 익힐 수 있다. 이때 각자가 잡은 물고기를 각각 한 줄로 바로 옆에 세워나가며 수 세기를 함께 한다. 아동과 함께 '하나, 둘, 셋…' 세어가며 물고기를 하나씩 놓는데 이때 같은 간격으로 놓는 것이 중요하다. 어린 아동은 수의 질적 차이를 쉽게 이해하지 못하므로 같은 간격으로 놓게 되면 길이에 따라 많고 적음을 판단할 수 있다. 수 세기에 익숙해진 아동들에게는 '누가 몇 개를 더 많이 잡았는지'를 확인함으로써 수의 차이를 이해하도록 도와줄 수 있다. 두 줄로 세운 물고기를 앞에서부터 다시 '하나, 둘, 셋…' 하며 양쪽에서 하나씩을 동시에 세어나간다. 예를 들어 치료자는 여덟 마리를 잡고 아동은 열 마리를 잡았을 때 '하나, 둘… 여덟'까지 세면 양쪽 물고기를 각각 여덟 마리까지 셀 수 있다. 이렇게 하고 "너랑 나랑 똑같이 여덟 마리야. 그리고 너는 여기 이만큼이 더 많아."라고 알려준 후에 다시 아동의 것만 센다. '하나, 둘' "네가 두 마리 더 많네." 이런 과정이 반복되면 '10이 8보다 2 더 많다.'는 것을 인식하게 된다.

♟ 다빈치 코드 🎲

기본 게임 방법

0~11까지의 숫자와 조커가 포함된 타일이 흰색, 검은색 두 세트로 구성되어 있다. 처음에 각각 네 개의 숫자 타일을 가져가 숫자가 상대방에게 보이지 않도록 타일을 세운다. 숫자 타일의 순서는 왼쪽이 낮은 수의 순서이며, 같은 숫자의 타일일 때는 검은색 타일을 왼쪽에 세운다. 먼저 시작하는 사람이 타일 하나를 더 가져가며 숫자 순서에 맞게 자신의 타일 사이에 세운다. 상대방의 타일 하나를 지목한 뒤 추리한 숫자를 말한다. 맞히면 상대방이 숫자 타일을 열어 보여주어야 하고 못 맞히면 자신이 방금 가져간 타일을 열어서 보여주어야 한다. 못 맞히면 게임 순번이 상대방에게 넘어가며, 맞힐 경우 자신이 원할 때까지 계속 상대방의 숫자를 맞힐 기회를 얻는다. 자신의 순번이 될 때마다 타일을 하나씩 가져가야 한다. 먼저 상대방 타일의 숫자를 모두 맞힌 사람이 이긴다.

치료적 활용

❶ 기억력, 추리력 : 상대방 타일에서 어떤 숫자를 말했었는지 계속 기억
  하고 있어야 다음에 숫자를 다시 말할 때 중복되지 않게 할 수 있다.
  또한 자신이 가진 숫자를 참조해서 상대방 숫자를 추리해야 하므로
  집중력과 추리력이 필요하다.

❷ 상대에 대한 관심과 민감성 : 이 게임은 추리를 할 때 상대방의 표정을
  살피면서 그 반응을 참조하면 더 쉽게 답을 맞힐 수 있다. 또한 상대
  의 추리에 혼선을 빗게 하도록 엉뚱한 추리를 일부러 하기도 하는데
  그런 점들을 살피는 기술도 필요하다. 따라서 이 게임을 하면 상대의
  반응을 면밀히 살피는 민감성이 향상된다.

게임 방법 변형

어린 아동의 경우 타일을 지목해서 숫자를 맞히는 것을 어려워한다. 이
럴 땐 지목 없이 상대방이 가지고 있는 숫자만을 맞히고 맞은 경우 그 타
일을 열어주는 방법으로 변형해서 게임을 사용할 수 있다.

♟ 다트 🎲

기본 게임 방법

각각 같은 수의 다트핀을 나눠 가진 후 서로 번갈아 던진다. 다트 핀이 붙은 해당 칸의 숫자를 합해 가장 많이 득점한 사람이 승자가 된다.

치료적 활용

❶ 발산 : 뭔가를 던지는 활동은 아동들에게 통쾌함을 준다. 공을 던지거나 콩 주머니를 던지는 활동과 같이 다트게임도 던지는 활동 자체에서 쾌감을 경험할 수 있다. 스트레스를 많이 받았거나 친구와 다퉈 기분이 좋지 않을 때 혹은 무슨 이유에서인지 모르지만 짜증이 많이 나 있을 때 아동들은 이 게임을 하며 기분 전환을 종종 한다.

❷ 분노표출과 카타르시스 : 치료실에서 화가 났을 때, 혹은 화가 났던 일에 대해 다룰 때 종종 다트를 활용한다. 다트 핀을 하나씩 던지면서 화난 상태를 말로 표현하는 기법은 '자신이 무엇 때문에 화가 났는지를 인식'하고 그것을 조절하기 위한 인지행동 치료에 종종 사용된다. 화가 난 대상에 대해 "나는 네가 나한테 '울보'라고 놀렸을 때 정말 화가 나" "너를 한 대 때리고 싶었어." "넌 정말 싫어." "왜 나한테 시비를 거는 거야." "그런 말 듣기 싫어." 등을 아동과 치료자가 함께 외치며 다트를 던진다. 그렇게 해서 분노를 표출한 후 자신에 대해 긍정적 메시지를 담은 말을 다시 한다. "나는 울보가 아니야." "나는 용기 있어." "나는 다른 사람을 괴롭히지 않아." "네가 놀리면 싫다고 말할 거야." 분노 대상을 종이에 그려 다트 판에 붙여 놓고 이렇게 할 수도 있다. 그럴 때 아동들은 더 좋아하고 통쾌해한다. 둥그런 종이를 몇 칸으로 나눠서 거기에 상대방의 싫은 점을 써서 붙여 놓고 던질 수도 있고, 또 자신에 대해 긍정적인 점을 적어 놓고 던질 수도 있다.

❸ 운동 조절능력 : 어린 아동 중에는 다트를 어떻게 던지는지 전혀 모르는 아동들도 있다. 던질 때 손에서 핀을 순간적으로 놓아야 하는데 그 타이밍을 못 잡아 손만 움직이고 핀은 그대로 들고 있는 경우를 종종 본다. 이럴 땐 치료자가 아동의 손을 잡고 핀을 살짝 같이 잡은 후 팔을 펼 때 핀을 살짝 놓아주는 것을 몇 번 하면 쉽게 터득한다. 큰 아동들 중에 충동적인 아동들은 방향과 각도를 고려하지 않고 무작정 던지는 아동들도 있다. 이런 아동들도 이 게임이 반복될수록 점차 힘 조절과 방향을 고려하는 모습이 나타난다. 자신의 힘과 운동을 조절할 수 있다고 느낄 때 스스로 통제력을 경험함으로써 아동들은 자신감이 향상된다.

❹ 수 개념 : 점수를 합산하고 비교하는 과정을 경험하면서 수 개념이 향상된다. 어린 아동은 10에서 100까지 동심원이 그려진 다트판에서 게임을 하는 것이 숫자에 적응하는 데 더 효과적이다. 점수 합산이 어려운 아동들은 다트핀을 각각 하나씩 던지면서 단일 비교를 하는 것도 좋다.

게임 방법 변형

❶ 상대방 핀 떨어트리기 : 서로 번갈아 다트핀을 던지면서 앞서 붙은 핀을 밀거나 떨어트릴 수 있다. 모든 다트핀을 다 사용한 후 각자의 핀이 붙은 해당 칸의 수를 합산하여 더 많은 사람이 승자가 된다. 상대방의 핀을 떨어트리려다가 자신의 핀이 같이 떨어지기도 한다. 기본 방법보다 이 방법으로 할 때 대부분의 아동들에게서 발산효과가 더 큰 걸 볼 수 있다.

♟ 라비린스 🎲

기본 게임 방법

타일을 무작위로 게임 판 위에 올려놓는다. 각자 자신의 말을 고르고 그림 카드를 여섯 장씩 나눠 가진다. 먼저 한 개의 남은 타일을 이용해 게임 판에 놓인 타일을 밀어 미로 속에서 길을 만든다. 그 후 자신의 말을 길따라 이동시켜 카드에 있는 그림까지 도착하면 그것을 찾은 것이 된다. 찾은 카드는 옆으로 옮겨 놓으며 여섯 장의 카드를 먼저 찾는 사람이 이긴다.

치료적 활용

❶ 공간지각력 : 상, 하, 좌, 우 네 방향에서 타일을 밀어 길을 만들 수 있다 보니 보물의 위치가 다양하게 바뀐다. 길의 연결과 끊김을 파악함으로써 공간지각력이 향상된다.

❷ 추상적 사고력 : 길을 연결시키기 위해 다양한 경우의 수를 생각해야 하는데, 직접 길을 밀어보면서 찾아내는 것이 아니라 머릿속으로 길

의 변화를 생각해야 하므로 추상적 사고력이 증가한다.

❸ **유추하기, 결과 예측하기** : 타일을 어느 방향으로 밀면 길이 어떻게 변화하는지 예측하고 유추해야 하므로 유추능력과 결과 예측하는 능력이 향상된다.

❹ **계획 세우기** : 오픈 카드게임으로 할 경우 어느 것을 먼저 찾아야 할지 순서를 정하는 것이 필요하다. 먼저 자신이 찾아야 하는 보물 여섯 개가 게임판의 어느 곳에 위치해 있는지 확인한다. 자신의 말과 가까운 곳에 위치한 보물, 혹은 찾기 쉬운 보물이 어느 것인지 비교하며 목표물의 순서를 정하는 것이 필요하다. 따라서 '계획 세우기와 그에 따라 실행하기'가 잘되지 않는 아동들의 경우 오픈카드 게임 방법으로 게임을 하면 계획과 실행력 향상에 도움이 된다. 치료자가 "네 보물은 어디에 있어?"라고 하며 같이 게임판에서 찾아보면 아동들도 쉽게 이 활동에 참여하게 된다. 다 찾고 나면 "어느 것을 먼저 찾는 게 빠를까?"라고 하며 아동이 순서를 정할 수 있도록 기다려준다. 치료자 또한 "내 보물은 어디에 있지?"라고 하며 일일이 찾아 손가락으로 짚어주고 "나는 이걸 먼저 찾고 그 다음에 이걸 찾으면 되겠다."라고 하며 카드의 순서를 다시 놓아 아동이 이를 모델링하도록 한다.

❺ **상대방의 의도 생각하기** : 오픈카드 게임이 아닌 경우에는 상대가 무엇을 찾으러 가는지 그 의도를 유추하여 저지할 수 있다. 은근히 떠 보기도 하고 또 상대의 말이나 표정에서 단서를 찾아 알아낼 수 있다. 이런 과정에서 아동은 상대에 대한 관심이 증가하고 민감성이 향상된다.

게임 방법 변형

❶ 여섯 장의 카드를 찾을 때, 한 더미로 쌓아놓고 맨 위의 카드부터 차

례로 찾는 방법이 있다. 이때 맨 위의 카드는 상대방이 볼 수 없고 자신만 살짝 봐야 한다. 이 방법으로 게임을 할 때는 '상대방이 뭘 찾으러 가는지' 분명이 알 수 없으니 추측을 하면서 상대에게 방해가 되는 전략을 사용할 수 있다. 게임 당사자 자신도 다음의 카드가 무엇인지 알 수 없으니 때에 따라서는 자신이 온 길을 돌아가야 할 때도 생겨 인내력이 필요해진다.

❷ 앞서 설명한 오픈카드 게임과 같이 여섯 장의 카드를 모두 펼쳐놓고 서로 상대방이 볼 수 있는 상태에서 게임을 할 수 있다. 이 방법으로 할 때엔 어느 것을 먼저 찾을지 계획을 세울 수 있다. 반면 상대에게 카드가 노출되다보니 노골적인 방해를 경험한다. 따라서 그로 인한 감정 발생이 빈번하므로 감정을 조절하고 평정심을 유지해야 할 상황이 더 발생하게 된다.

♟ 슈퍼스타 🎲

기본 게임 방법

룰렛을 눌러 나오는 숫자만큼 자신의 캐릭터를 이동시키며, 그곳에 적힌 지시에 따라 여러 가지 획득물을 얻는 게임이다. 결승점에 도착하면 게임 중 얻은 획득물을 돈으로 환산하여 순위를 결정한다.

치료적 활용

❶ **돈 계산 간접경험** : 일상생활에서 물건을 구입할 때 돈을 내고 거스름돈을 받는 일은 아동들에게 매우 중요한 기술이다. 사회적 경험이 부족하거나 새로운 일에 겁을 많이 내는 아동들은 실제 물건을 사야 하는 상황이 오면 당황하게 된다. 이 게임은 그러한 아동들이 게임을 통해 자연스럽게 돈을 지불하고 계산하고 거스름돈을 받는 경험을 하도록 도와줄 수 있다. 게임에 사용되는 돈을 실제 돈과 비슷한 문구용 돈으로 대체하여 사용하면 더 효과적이다.

❷ 스타가 되어보는 희열 : 게임 속에서 아동들이 동경하는 가수나 배우 등의 스타가 되어 봄으로써 그 자체로 큰 즐거움을 얻을 수 있다.

게임 방법 변형

❶ 인기 쿠폰을 얻을 때 '친구에게 인기를 얻을 수 있는 행동을 하나 말하기' 규칙을 추가한다. 말을 못하면 게임 상에서 인기쿠폰을 가져가지 못한다. 유치원에서 초등 저학년의 어린 아동들에게 이 방법이 효과적이다.

❷ 게임판에 적힌 내용을 읽어주어도 이해를 못할 정도로 어리거나 발달이 느린 아동의 경우 게임 방법을 변형시키는 것이 불가피하다. 어린 아동들은 게임 부속품 중 트로피와 카드를 좋아한다. 다른 부품은 모두 치우고 트로피를 'STOP' 칸에 놓아두고 먼저 도착한 사람이 트로피를 획득한다. 세 번째 'STOP' 칸을 결승점으로 정해 게임 시간을 줄여야 한다. 초록 칸에 멈추면 초록 카드를 가져갈 수 있고, 노랑 칸에 도착하면 노랑 카드를 가져간다. 그 외의 칸에서는 파랑 카드를 얻는다. 게임이 끝났을 때 트로피와 카드를 많이 얻은 사람이 이긴다.

♟ 스택버거 🎲

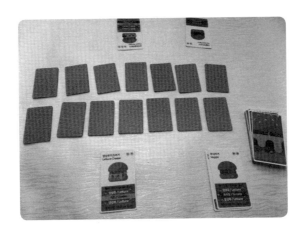

기본 게임 방법

버거를 만드는 카드를 하나씩 가져가서 카드에 적힌 재료를 순서대로 모아 버거를 만든다. 버거를 다 만들면 새로운 카드를 가져갈 수 있다. 게임이 끝난 뒤 카드 위에 그려진 요리사 모자의 수를 합해 그 수가 더 많은 사람이 이긴다.

치료적 활용

❶ 순차적 실행 : 버거를 만들 때 재료를 순서대로 모아야 한다. 만들다가 틀리면 다음 차례에서 다시 처음부터 재료를 모아야 하고, 순서가 틀리면 실패가 된다. 그렇기 때문에 이 게임은 순차적 실행력을 향상시키는 데 도움이 된다.

❷ 위치기억 : 게임 참여자가 두 명일 때 7개의 재료카드 두 세트를 섞어서 바닥에 깔고 게임을 한다. 따라서 14개 재료카드 위치를 모두 기억

해야 하므로 공간기억력이 필요하다. 게임이 지속되는 동안 이 기억력이 보존되어야 하므로 지속적 집중력도 요구된다.

게임 방법 변형

❶ 재료카드 줄여서 사용 : 본래의 이 게임은 일곱 가지 재료카드 두 세트를 바닥에 뒤집에 놓고 그중에서 재료를 찾아내는 게임이다. 그런데 좀 더 어린 아동들은 14장의 카드 위치를 익히기 어렵기 때문에 일곱 가지 재료 한 세트만 사용하는 것이 더 수월하다.

❷ 같은 카드 찾기 기억력 게임 : 버거의 재료로 쓰이는 일곱 가지 그림카드 두 세트를 섞어 바닥에 두 줄로 펼쳐놓고 같은 카드를 찾는 기억력 게임으로 활용할 수 있다. 좀 더 복잡한 게임을 원한다면 21장으로 3장의 같은 카드 혹은 28장으로 4장의 같은 카드를 찾는 게임으로 활용할 수 있다.

🎳 스트라이크 에어하키

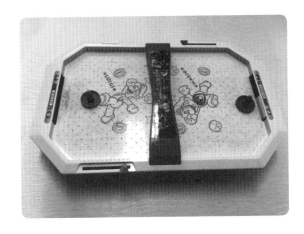

기본 게임 방법

스트라이커로 공을 쳐서 상대방 골대에 넣으면 득점이 된다. 10점을 먼저 얻은 사람이 이긴다.

치료적 활용

❶ 발산 : 스트라이커 하나로 게임을 하면 공을 치는 횟수도 많고 골도 잘 들어가기 때문에 아동들이 통쾌함을 경험하며 발산을 할 수 있다. 발산은 즉각적으로 부정적 감정을 방출하게 되기 때문에 아동이 부정적 감정을 빠르게 덜고 긍정적 감정으로 전환하게 된다.

❷ 운동능력 향상 : 공의 움직임에 따라 즉각적으로 손을 움직임으로써 순발력과 민첩성이 향상된다. 또한 운동 반응속도가 향상된다.

❸ 집중력 : 이 게임은 공격뿐 아니라 수비가 매우 중요하다. 따라서 공격이 끝나면 곧바로 수비모드로 바꿔야 실점을 막는다. 반응속도가 느

리거나 집중력이 낮은 아동 중에는 공격을 마치고 수비로 전환이 되지 않는 아동들이 있다. 이때 치료자가 자신의 움직임을 말로 표현함으로써 아동이 이를 모델링할 기회를 줄 수 있다. 예를 들어 "공격~어, 얼른 막아야지. 공격하고 나서 빨리 막을 거야."처럼 자신의 행동을 기술해주면 아동들이 이를 활용하게 된다.

❹ 시지각 운동 협응 : 눈으로 계속 공을 쫓아가야 하고 그에 맞춰 손을 움직여야 하기 때문에 시각-운동 협응력이 향상된다. 이 기능이 낮은 아동과 게임을 할 경우 치료자는 의도적으로 매우 느리게 반응을 하여 아동이 이에 적응할 기회를 주어야 한다.

❺ 수 개념 익히기 : 점수를 득점할 때마다 1점씩 가산되는 것을 가시적으로 확인함에 따라 숫자 감각이 형성된다. 또한 2가 1보다 하나 더 많다는 수 개념과 득점 차이를 통해 수의 양적 차이를 이해하게 된다. 아동이 3점을 얻고 치료자가 1점을 얻었을 때 아동의 점수판에서 숫자를 하나씩 짚어주면서 "네가 3이고 나는 1이니까 하나 둘, 두 개를 더 넣어야 너를 따라갈 수 있겠어. 네가 2점이 더 많아."라고 표현을 해주면 아동은 1과 3 사이에 2만큼의 양이 더 있다는 것을 이해하게 된다. 10점을 기준으로 하여 그 차이를 이해하는 것도 수 개념 형성에서 유용하게 활용된다. 즉 아동은 8점 치료자는 6점일 경우 "너는 10점이 되려면 몇 개를 넣으면 되지? 하나 둘. 두 개 남았어. 나는 하나, 둘, 셋, 넷, 네 개를 더 넣어야 해." 등으로 반복해서 보여준다. 그러면 어느 순간 아동이 "나 하나만 더 넣으면 10점이에요."라고 하며 차이를 스스로 이해하고 표현한다.

❻ 감정 조절하기 : 공이 빠르게 들어가고 그에 따라 점수가 빠르게 변화하기 때문에 승부의 변동도 잦아진다. 아동들은 이러한 상황 변화 속

에서 감정도 덩달아 변화를 보이기 때문에 이 상황을 감정 조절의 기회로 활용할 수 있다.

게임 방법 변형

❶ **축구게임** : 가로막을 치우고 양손으로 스트라이커를 사용한다. 본래의 게임은 자기 진영을 넘어갈 수 없지만 이 게임에서는 상대방 진영과 자신의 진영을 넘나들며 축구처럼 공을 몰아 골대에 넣는다. 손에 힘이 약하고 본래의 방법으로 게임하기 어려운 어린 아동들에게 유용하다. 큰 아동들에게 이 방법을 적용하면 매우 거칠어지고 공격적 행동을 보이므로 치료에 오히려 방해가 된다.

❷ **4개의 공 사용하기** : 성격이 급하고 득점을 빨리 내고 싶어 하는 아동들에게 이 방법이 유용하다. 네 개의 공을 두 개씩 나눠 각자의 골대 앞에 놓은 후 상대방 골대에 공을 넣으면 득점으로 인정한다. 단 네 개의 공이 모두 골대로 들어갈 때까지 이미 들어간 공을 꺼내면 안 된다. 네 개가 모두 들어간 후 각자의 점수판에서 점수를 올리고 골대에서 꺼낸 공을 각자의 골대 앞에 놓고 다시 경기를 한다. 자신의 골대에 공이 세 개 들어가 있으면 세 개를 골대 앞에 놓고 하게 된다. 10점을 먼저 딴 사람이 승자가 된다.

♟ 우봉고 🎲

기본 게임 방법

보석판을 준비하고 각자의 말을 올려놓는다. 각자 8개의 퍼즐판을 자신의 앞에 가져다 놓는다. 퍼즐판에 셋 혹은 네 개의 퍼즐조각을 먼저 맞추면 보석을 가져가는 우선권을 얻는다. 2인이 게임할 때는 먼저 맞춘 사람은 말을 옆의 다른 칸으로 이동하여 보석을 고를 수 있지만 늦게 맞춘 사람은 자신의 말이 위치한 곳의 보석만 가져갈 수 있다. 각각 보석 두 개를 가져가고 다음 퍼즐판에 다시 퍼즐을 맞춘다. 이렇게 하여 얻은 보석을 색깔별로 구별하여 수를 센다. 단일 색깔에서 숫자가 더 많은 사람이 이긴다. 예를 들어 a는 빨강을 제일 많이 모았는데 일곱 개 이고, b는 파랑을 제일 많이 모았는데 여섯 개 이면 a가 승자가 된다. 서로 같은 수 일 때는 두 번째로 많은 수의 보석을 비교하여 더 많은 쪽이 승자가 된다.

치료적 활용

❶ **공간 구성력** : 정해진 퍼즐 조각 셋 혹은 네 개를 퍼즐판 안에 채워야
하므로 공간에 대한 구성능력이 향상된다. 특히 비언어적 사고력이
부족하거나 공간지각력이 약한 아동들은 이 게임을 할 때 시간을 많
이 소비한다. 치료자는 이런 아동들이 조급해하거나 불안을 느끼지
않도록 속도를 맞춰주는 것이 필요하다.

❷ **추상적 분석력** : 퍼즐판에 그려진 모양을 만들려면 퍼즐 조각을 어떻게
배치해야 하는지 생각하고 추측하고 검증하는 과정이 필요하다. 이
작업을 통해 추상적 분석력이 향상된다.

❸ **상대에 대한 관찰력** : 퍼즐을 맞추고 나서 보석을 가져갈 때 상대방이
왜 그 색깔을 모으려고 하는지 눈여겨봐야 한다. 때론 상대가 모으는
보석을 방해하기 위해 전략적으로 자신이 그 색깔을 가져와야 할 때
도 있다. 자신만 빨리 맞춘다고 해서 승리할 수 있는 게임이 아니다.
상대의 의도를 읽어야 하기 때문에 상대방에 대한 관심과 관찰력이
필요하다. 특히 아스퍼거 특성을 가진 아동들은 이 게임을 할 때 퍼즐
은 빠르게 맞추는 반면 상대의 의도에 관심을 가지지 않아 게임에 지
는 일이 종종 발생한다. 그런 아동들에게 '상대방을 관찰하고 의도를
추측하도록' 유도하는 데 이 게임을 활용할 수 있다.

❹ **좌절 인내력** : 셋 혹은 네 개의 조각으로 퍼즐을 한 번에 완성하는 것
은 어려운 일이다. 몇 번씩 위치를 바꿔가며 혹은 퍼즐 모양을 뒤집어
서 시도해보아야 퍼즐판이 맞춰진다. 좌절 인내력이 낮은 아동들은
한두 번 시도하다가 포기하는 경우도 많다. 치료자는 퍼즐이 잘 안 맞
춰질 때 아동과 치료자가 느끼는 감정을 언어로 표현해줌으로써 아동
이 자신의 감정을 인식하는 데 도움을 줄 수 있다. "금방 안 맞춰지니

까 답답하네." "이렇게 하는 걸까? 후~ 아니었어." 또한 반복되는 실패 속에서도 꾸준히 포기하지 않고 하는 모습을 반영함으로써 아동이 이러한 태도를 모델링하도록 이끌 수 있다. "안 되면 다른 방법으로 해볼 거야." "돌려서 해볼까?" "뒤집어서 맞춰볼까?" "언젠가는 되겠지." "난 포기하지 않을 거야. 끝까지 할 거야."

게임 방법 변형

❶ 퍼즐 많이 맞춘 사람이 승리하기 : 어린 아동의 경우 퍼즐을 맞춘 후에 보석을 전략적으로 골라서 가져가는 것이 어려울 수 있다. 이때는 보석판 두 줄에 보석을 채운 후 퍼즐을 먼저 맞춘 사람이 자신의 줄에 있는 보석을 가져가는 방법으로 게임 방법을 변형할 수 있다.

❷ 주사위 없이 게임하기 : 본래의 게임방법은 주사위를 던져 그에 해당하는 퍼즐 3~4개를 찾아 그것으로 퍼즐판을 완성해야 한다. 이 방법보다 난이도를 낮춰 하려면 많은 퍼즐 조각 중에서 퍼즐판에 맞는 퍼즐을 아무거나 찾아 채우는 방법이다. 꼭 정해진 세 조각으로 완성하지 않아도 되니 맞출 수 있는 가능성이 많아져 난이도가 낮아진다.

♟ 젠가 🎲

기본 게임 방법

막대를 쌓아 놓고 막대 더미가 무너지지 않도록 하나씩 빼는 게임이다. 뺀 막대는 더미 위쪽에 차례대로 쌓아야 한다. 더미를 넘어트린 사람이 진다.

치료적 활용

❶ 충동조절 : 생각 없이 아무 막대나 빼다보면 쉽게 막대 더미가 무너진다. 따라서 천천히 살피고 어떤 것을 빼야 안전한지 생각을 하는 과정이 필요하다. 충동적 아동들은 생각하기를 싫어하여 무작정 아무 막대나 빼다가 무너트리곤 한다. 게임에서 몇 번 지면 다시는 이 게임을 하지 않으려고 할 수도 있다. 따라서 충동적 아동과 이 게임을 할

땐 초반에 아동과 비슷한 대응으로 실수를 하는 것도 필요하다. 몇 번 그렇게 한 후에 치료자가 속도를 천천히 하면서 생각하는 과정을 보여준다. "어떻게 해야 안 넘어질까? 이걸 빼면 이쪽으로 기울 것 같고…" 등 치료자의 생각을 말로 표현하여 노출시킨다. 아동이 처음에는 치료자의 이러한 말에 귀를 기울이지 않는다. 그러나 나중에 치료자는 성공하고 자신은 실패를 하면 치료자가 했던 반응을 모델링 한다.

❷ 감정 조절 : 다른 게임과는 달리 젠가는 예고 없이 한순간에 더미가 무너지며 승패가 결정된다. 그렇기 때문에 감정 또한 급격하게 발생한다. 좌절을 잘 견디지 못하거나 지는 것을 잘 못 참는 아동들은 이 게임을 하면서 감정 폭발을 자주 일으킨다. 그런 아동들에게 이 게임을 감정 조절 도구로 활용할 수 있다. 먼저 치료자가 좌절이 일어날 것 같은 상황을 미리 말로 몇 차례 언급하며 자신의 감정을 언어로 표현하는 것이 좋다. "어. 무너질 것 같아 조마조마 해." "흔들렸어. 아. 긴장돼." 치료자가 먼저 더미를 쓰러트려 좌절을 경험한다. 그때 느끼는 치료자의 감정을 언어로 표현하고 때로는 이를 이겨내고자 하는 자기지시어를 드러내어 표현한다. "아. 깜짝이야. 속상해. 안 넘어질 줄 알았는데." "그래. 다음에 좀 더 신중하게 하면 괜찮을 거야." "아쉽지만 괜찮아. 다음에 또 잘하면 돼." 나중에 아동이 치료자와 비슷한 상황이 발생하여 더미를 무너트리게 되었을 때 치료자는 아동의 감정을 똑같이 읽어준다. "아. 아까워. 너무 아쉽다." "다음에 할 땐 안 무너지면 좋겠다." 이런 일이 계속 반복되면 아동은 치료자를 모델링하여 스스로 자신의 감정을 언어로 표현하고 또한 자기지시어를 사용하여 감정을 스스로 조절하게 된다.

❸ 균형감각 : 어느 막대를 빼느냐에 따라 더미의 균형이 변하기 때문에

아동들은 게임을 하며 이를 경험하고 추측하게 된다. 처음에 아동들은 세 개의 막대 중 가운데 것을 빼내어 안전하게 균형을 유지시키려 한다. 그러나 점차 게임이 거듭되면 아동들은 좀 더 새로운 상황을 만들어보려고 도전을 한다. 가장자리 막대를 빼냄으로써 의도적으로 불균형 상태를 연출한다. 그렇게 되면 상대 차례에서 불리한 상황이 만들어지기 때문이다. 좀 더 소심한 아동들은 이런 상황을 만들지 않으려고 하는 경향이 있다. 치료자는 그런 아동과 이 게임을 할 때 초기에는 아동의 바람대로 따라주는 것이 필요하다. 준비가 되어 있지 않은 아동에게 '균형을 깨트리기 위한 시도'를 무리하게 할 경우 아동의 불안을 자극하게 된다. 그렇게 되면 불안하고 소심한 아동들은 말없이 게임을 포기하고 다음에 이 게임을 회피하려 한다. 초기에 아동의 바람대로 따라주어 안정감을 얻게 되었을 때 이후 천천히 '균형 깨트리기'를 시도해볼 수 있다. 소심한 아동들에게는 이 시도조차도 불안을 이겨내기 위한 큰 도전이 될 수 있다.

게임 방법 변형

❶ 쌓기 놀이 : 서로 번갈아가며 막대를 수직 혹은 수평으로 쌓아 무너트리는 사람이 지는 게임으로 변형할 수 있다. 나이 어린 아동들에게 효과적이다.

♟ 징고 🎲

기본 게임 방법

서로 카드판을 하나씩 나눠 가진 뒤 징고 틀을 움직여 카드가 나오도록
한다. 한 번에 두 개의 카드가 나오는데 그 그림이 자신의 카드판에 있는
그림과 동일할 때 '카드 그림의 명칭'을 외친다. 먼저 외친 사람이 카드를
가져가 자신의 카드판에 올려놓는다. 자신의 카드판에 없는 그림인데 명
칭을 외치면 앞서 따간 카드 한 장을 징고 틀에 되가져다 넣어야 한다. 카
드를 전부 찾거나 두 줄, 혹은 세 줄 빙고를 먼저 만든 사람이 승자가 된다.

치료적 활용

❶ 충동조절 : 충동성이 높은 아동들은 이 게임을 할 때 명칭을 말로 표현
하기보다 손이 먼저 움직인다. 어떤 아동들은 말을 함과 동시에 손을
뻗어 카드를 가져가기도 한다. 아무리 빨리 카드를 가져가더라도 말
을 늦게 하면 카드를 얻을 수 없다. 따라서 이 게임은 몸을 차분하게
유지하면서 빠르게 말을 해야 하므로 충동성을 조절하도록 만든다.
또한 말을 할 때에도 자신의 카드판에 있는 카드의 명칭만을 말해야

하기 때문에 무작정 그림명칭을 말할 경우 실점을 하게 된다. 짧은 시간 안에 '멈추고-생각하고-행동하기'가 이뤄지는 셈이다. 즉 멈춘 상태에서 카드그림을 보고, 자신의 카드판에 있는 그림인지 생각을 하고, 말로 표현하는 행동으로 이어지는 연속적 과정이 필요하다. 충동적인 아동들은 초반에 실수가 자주 일어난다. 그러나 이 게임을 반복적으로 하다보면 점차 충동적 행동이 줄어드는 것을 볼 수 있다.

❷ 집중력 : 징고판을 한 번씩 움직일 때마다 두 개의 그림 카드가 나온다. 그림카드를 계속 주시하며 자신의 카드판과 비교를 해야 하므로 지속적인 집중력이 요구된다. 집중을 잘 못하는 아동들도 보드게임을 할 때는 남다른 집중력을 보이는 경우가 종종 있다. 이는 보드게임이 아동의 흥미를 유발하여 몰입으로 유도하기 때문이다.

❸ 기억력 : 카드판에는 아홉 개의 그림이 그려져 있다. 이 그림이 무엇인지 기억을 하고 있다면 좀 더 빠르게 카드의 이름을 말할 수 있다. 매번 나오는 카드 두 개를 자신의 카드판 그림과 맞춰본다는 것은 번거로운 일이다. 그러나 아홉 개의 그림이 무엇인지를 기억한다면 카드를 일일이 하나씩 맞추지 않더라도 자신의 그림을 찾아내기에 수월해진다. 나는 아동들의 기억력을 돕기 위해 중간 중간 남아있는 카드가 무엇인지 확인하는 기회를 준다. "나는 새, 토끼, 신발, 물고기가 남았어. 이것만 찾으면 돼. 넌 뭐가 남았어?"라고 아동에게 묻는다. 그러면 아동은 자신의 카드판에서 남은 그림을 하나씩 찾아보면서 "나는 새, 공, 기차, 케이크가 남았어."라고 대답을 한다. 형식적으로는 내 질문에 대답을 하는 격이지만 이러한 활동을 통해 아동은 자신의 목표물에 대해 한 번 더 확인하고 기억하는 기회를 가지게 된다.

❹ 순발력과 긴장감 극복 : 이 게임은 시간을 다투는 게임이다. 빠르게 보

고, 빠르게 판단하고, 빠르게 명칭을 말해야 한다. 따라서 순발력이 필요하다. 시간제한에 심하게 스트레스를 받는 아동들은 이 게임을 하면서 긴장이 고조될 수 있다. 그럴 땐 치료자가 반응속도를 느리게 조정하여 아동의 수준에 맞춰주는 것이 필요하다. 긴장도가 높은 아동들은 이 게임에서 성공을 함으로써 걱정과 긴장감에서 점차 완화된다. 느린 속도에서 시작해 점차 속도를 올려주다 보면 아동들은 점차 이에 적응을 하여 시간압박을 이겨내는 능력이 향상된다. 그에 따라 긴장을 이겨내는 힘도 증가하게 된다.

♟ 체스와 장기 🎲

기본 게임 방법

말을 제 위치에 놓고 각 말의 이동 방법에 따라 말을 이동시킨다. 먼저 상대방의 왕을 따는 사람이 승자가 된다. 치료자와 아동이 게임상에서 수준차이가 날 경우 치료자의 룩, 나이트, 비숍 등의 말을 적절하게 빼서 게임 균형을 맞추는 것이 좋다. 초등 저학년의 경우 말의 명칭을 기억하기 어려워한다. 이럴 땐 이해하기 쉬운 단어로 바꾸어서 알려주는 것이 좋다. 체스의 경우 킹[왕], 퀸[여왕], 비숍[신하], 나이트[말 탄 기사], 룩[성], 폰[쫄병] 등으로 바꾸면 쉽게 기억한다. 장기의 경우 포[대포], 상[코끼리], 마[말], 사[신하], 졸 혹은 병[쫄병] 등으로 알려주면 더 쉽게 익힌다.

치료적 활용

❶ 멈추고 생각하고 행동하기 : 체스와 장기는 대표적인 전략게임 중 하나이다. 따라서 전략을 구사하기 위해선 생각을 하는 시간이 필요하다.

이 게임은 충동성이 높아 '생각하기'를 놓치고 행동이 먼저 나오는 아동들에게 '행동하기 전에 생각하기' 과정을 가지도록 훈련하는 데 용이하다. 대부분의 충동적인 아동들은 말을 옮겼다가 다시 무르고 또 옮기는 행동을 빈번하게 한다. 어떤 때는 너무 빈번해서 자신이 옮긴 말의 원래 위치가 어디인지 기억조차 못 할 때도 있다. 이런 아동들과 체스(장기)게임을 할 때는 미리 특별한 규칙을 정해놓아야 한다. '한 번 옮긴 말은 되돌릴 수 없다.' 아동들은 추상적인 유추가 어렵기 때문에 말을 옮기는 대신 손가락을 사용하도록 권한다. 말이 옮겨질 자리를 손가락으로 짚고 다음 상황을 예측해본다. 그 자리가 탐탁지 않다고 판단되면 다른 자리를 또 짚으며 가장 적절한 자리를 찾을 때까지 시도하도록 한다. 아동들은 이러한 과정을 통해 점차 충동적 행동이 감소한다.

❷ 전략적 사고력 : 말을 어떻게 옮겨야 상대방의 말을 위협할 수 있는지, 혹은 자신의 말을 보호할 수 있는지 끊임없이 생각을 해야 하는 게 전략게임의 특징이다. 사고력이 낮은 단계의 아동들과 이 게임을 할 때 치료자는 말을 1회 옮겼을 때 발생하는 상황을 아동이 예측하도록 함으로써 전략적 사고력 향상을 도울 수 있다. 치료자는 자신의 말을 옮길 때마다 "내가 나이트를 여기로 옮긴 것은 다음에 네 룩을 따기 위해서야."라고 전략을 노출시킨다. 치료자의 전략 노출이 반복되면 아동은 치료자가 말을 옮길 때 '왜 거기로 옮기는지?' 생각을 하기 시작한다. 또한 치료자의 행동을 모델링하여 자신의 말을 옮길 때 전략을 구사하게 된다. 아동이 이에 익숙해지면 치료자는 다음 단계로 상대의 공격에서 안전한지 점검하는 것을 보여준다. "내가 여기로 말을 옮기면 안전한가 보자. 나이트도 이 말을 못 먹고, 퀸도 못 먹지. 폰도

괜찮고. 좋아 여기로 옮기겠어." 이러한 전략노출 만으로도 아동들은 게임을 하며 전략적 사고를 하는 모습이 증가한다. 좀 더 전략적 사고력이 높은 아동들과 게임을 할 때는 몇 수 앞까지 예측하는 것을 보여 줄 수 있다. "내가 여기로 옮기면 넌 이렇게 움직이겠지? 그럼 난 여기로 옮길 수 있으니 아직은 괜찮아." 전략적 사고력은 일상생활에서 예측하기, 대안 찾기, 갈등 상황에서 문제해결하기 등의 형태로 사용된다. 아동들이 보드게임에서 경험하는 전략적 사고는 분명 아동의 일상적응을 위한 사회적 기술 훈련에 도움을 줄 것이다.

기본 게임 방법

이 게임은 기억력 게임이다. 12가지 그림으로 구성된 두 벌의 카드를 커다란 원 모양으로 늘어놓는다. 원의 가운데 들어가는 12장의 그림 카드는 뒤집어서 놓는다. 각각 닭을 한 마리씩 고르고 닭에 꼬리를 꽂은 후 바깥 원의 그림 카드 중 한 곳에 각자의 닭을 놓는다. 두 명의 참가자가 게임을 할 경우 12장 간격으로 서로의 닭을 놓으면 된다. 가운데 있는 카드를 뒤집어 자신의 닭 바로 앞에 위치한 그림카드와 동일한 그림을 찾으면 닭을 앞으로 한 칸 전진시킬 수 있다. 맞추면 또 한 번 더 하는 기회를 갖고 틀리면 상대방에게 기회가 넘어간다. 계속 닭의 앞에 위치한 그림을 찾아 상대방 닭이 위치한 곳까지 전진하면 상대의 닭 꼬리를 빼앗게 되면서 게임에서 승리한다.

치료적 활용

❶ 감정 조절 : 이 게임은 닭이 쫓거나 쫓기는 긴박한 상황을 계속 지켜보며 게임에 참여하게 된다. 이에 따라 게임에 참여하는 아동들은 긴박한 상황에서 벌어지는 조마조마한 감정을 순간순간 경험한다. 점수를 얻거나 어떤 것을 완성했을 때 승리하는 게임과 달리 이 게임은 게임 승패에 대한 상황변화가 시각적 자극으로 계속 주어지기 때문에 감정의 동요가 더 큰 것 같다. 자신의 닭이 쫓길 때 초조하고 긴장되는 스트레스 상황에서 아동들은 자신의 감정을 폭발시키거나 통제하지 못하는 모습을 보인다. 이러한 상황이 수시로 발생하기 때문에 치료자는 이를 '아동이 감정 조절을 연습하는 기회'로 활용할 수 있다. 아동이 쫓아오고 치료자가 쫓기는 상황에서 치료자는 자신이 경험하는 감정을 언어로 충분히 표현해준다. "쫓기고 있어서 조마조마 해. 내가 잡힐 것 같아 두근두근하고 걱정이 돼. 내가 잡히면 정말 실망하고 속상할 거야. 그래서 난 울 것 같아." 등등. 이와 함께 치료자는 '이럴 때 어떻게 감정을 조절하는가'를 보여주는 것이 필요하다. "난 지금 너무 긴장이 돼서 시간이 필요해. 심호흡을 할 시간을 줘." 라고 하며 심호흡을 하는 것을 보여준다. 또 심호흡을 하면서 "괜찮아. 져도 괜찮은 거야. 재미있게 게임을 하면 된 거야. 졌다고 실망하지 말아야지. 꼭 이겨야 하는 건 아니잖아. 다음에도 이길 기회는 있어. 난 졌다고 화내지 않을 거야." 등의 자기지시어를 사용하며 조절하는 모습을 보여줄 수 있다. 아동이 쫓기기 전 치료자가 쫓기는 상황에서 이러한 것을 먼저 보여줄 필요가 있다. 이후 아동이 쫓기는 상황이 되었을 때 치료자는 아동의 마음을 충분히 공감하며 읽어준다. "잡힐까 봐 조마조마 할 거야. 나도 좀 전에 그랬어. 정말 기분이 나빴거든. 너도 지금 무척

기분이 나쁠 거야." 등등으로 아동의 기분을 공감해준다. 아동이 감정이 심하게 고조되어 스스로 통제가 어려울 때는 "잠깐 게임을 멈추자."라고 하며 아동에게 심호흡을 하면서 가라앉힐 시간을 준다.

게임 방법 변형

❶ 단계적 활용 : 어리거나 발달이 낮은 아동은 12장의 그림카드를 모두 사용하여 게임을 진행하는 것은 무리다. 이럴 땐 아동의 수준에 맞게 카드의 수를 줄여서 시작한다. 승부나 게임에 대한 불안이 있는 아동도 처음에는 적은 수의 카드를 사용하는 것이 좋다. 쉽게 그림을 맞춰 자신감을 얻어야 게임에 대한 긴장감이 낮아진다. 적은 수의 카드로 게임하는 것이 익숙해지고 쉬워지면 카드를 한 장씩 늘려 보도록 한다. "자, 이제 다섯 장에 도전을 해보자."라고 하며 아동의 도전을 격려하고 성취하도록 이끌어준다. 가끔 카드가 많아져서 아동이 헷갈려할 때 치료자가 실수를 가장하여 아동이 찾고자 하는 카드를 넘겨줌으로써 아동이 성공하도록 기회를 주는 것도 필요하다.

❷ 판 뒤집기 : 바깥 원에 배치하는 24장의 카드만을 사용하여 판 뒤집기 게임으로 활용할 수 있다.

♟ 코코타키 🎲

기본 게임 방법

각각 여섯 장의 동물카드를 나눠 갖고 나머지 카드는 뒤집어서 더미로 놓아둔다. 먼저 한 사람이 카드 한 장을 바닥에 내려놓으면 다음 사람은 앞의 사람이 내려놓은 카드와 모양이 같거나 색깔이 같은 카드를 한 장을 그 위에 다시 내려놓는다. 만일 같은 색깔도 모양도 없을 경우에는 카드 더미에서 한 장을 가져와야 한다. 무지개 나비 카드는 조커로 쓰이는데 낼 수 있는 카드가 없을 때 이를 사용하며 무지개 카드와 함께 다른 카드 한 장을 더 낼 수 있다. 손에 있는 카드를 먼저 없앤 사람이 이긴다. 카드를 낼 때는 동물의 이름을 말하며 내야 한다. 동물 이름 대신 동물의 울음소리를 내는 규칙을 사용하기도 하는데 어린 아동은 좋아하지만 초등학생 정도의 아동들은 이 방법을 유치하게 받아들이는 경향이 있다.

치료적 활용

❶ 주의력 향상 : 상대방이 어떤 카드를 냈는지 살펴야 하고 자신의 카드에서 그와 공통점이 있는 카드를 찾아야 한다. 예를 들어 치료자가 노란색 고양이 카드를 낸 경우 아동은 노란색의 동물카드 혹은 다른 색의 고양이 카드를 낼 수 있다. 따라서 아동은 두 가지 특징을 모두 살피고 확인해야 한다. 대체적으로 아동들은 색깔에 더 민감하게 반응을 한다. 치료자가 노랑을 내면 아동은 자신의 카드에서 노란색은 잘 찾아내지만 노랑이 없을 때 다시 고양이 그림을 찾으려고 하지 않고 찾기를 멈추는 경우가 흔하다. 이러한 반응은 주의력이 부족하고 충동성이 큰 아동들에게서 더 흔히 발생한다. 이런 아동과 게임을 할 때 치료자는 한 가지 단서를 먼저 알려주고 그 다음에 또 다른 단서를 찾도록 도와주는 것이 효과적이다. 즉 아동에게 "노란색 고양이네. 그럼 노란색 있어?"라고 물어본다. 아동이 찾아보고 없다고 하면 "노랑은 없어. 그럼 고양이는 있어?"라고 다시 확인할 기회를 준다. 고양이 카드를 놓쳤던 아동들은 두 번째 기회에서 카드를 찾아서 내게 된다. 치료자가 계속 이러한 자극을 제공하다보면 아동은 스스로 두 가지 단서를 찾으려는 시도한다.

❷ 자신감 향상 : 부끄러움이 많은 아동은 치료자와 간단한 이야기를 나누는 것조차도 힘들어한다. 게임을 할 때에도 아무 말 없이 묵묵히 그냥 게임만 하는 경우도 있다. 그런데 이 게임은 카드를 낼 때마다 동물 이름을 말해야 하므로 억지로라도 말을 할 수밖에 없다. 어떤 식으로든 한 번 말을 하게 되면 다음 상황에서 아동이 말을 할 가능성은 커진다. 실제 나는 치료 장면에서 극도로 말하기를 어려워하는 아동이 이 게임을 하며 작게나마 동물 이름을 말하는 것을 봤고, 그것을

계기로 간단한 이야기를 더 쉽게 나누는 것을 몇 번 경험했다. 진지한 대화게임은 말하기 어려워하는 아동들에게는 오히려 더 말하는 것을 어렵게 만들지만 단순하게 명칭을 말하게 하는 이 게임은 아동들에게 말하는 것에 대한 부담을 더는 작용을 하는 것 같다. 또한 이 게임은 매우 빠르게 끝이 나며 계속 게임 횟수를 이어갈 수 있다. 그렇기 때문에 긴 게임에 대한 인내력이 부족한 아동들이 이 게임을 좋아한다. 빠른 승부가 계속 이어지므로 아동들은 성취감을 더 자주 경험하며 그에 따라 즐거움과 자신감을 더 많이 느낀다.

♟ 키키리키 🎲

기본 게임 방법

여섯 층의 계단으로 되어 있는 피라미드 모양 제일 꼭대기에 닭이 지키고 있다. 작은 오리들은 피라미드 계단을 한 층씩 지나 닭의 등에 오르려고 한다. 세 가지 모양의 모자를 쓴 오리들이 네 개의 색깔로 구별되어 있는 데, 게임 참여자는 원하는 색깔의 오리 세 마리를 자기 말로 고른다. 각각 참여자는 자신의 오리 세 마리를 계단 제일 아래쪽에 세워둔다. 순서를 정한 후 첫 번째 참여자가 주사위 두 개를 동시에 던진다. 이때 나온 그림 과 동일한 모양의 모자를 쓴 오리는 한 층씩 오를 수 있다. 예를 들어 한 쪽 주사위에서 야구모자, 다른 주사위에서 헬멧모자가 나오면 야구모자 를 쓴 오리와 헬멧모자를 쓴 오리가 1층 계단에 올라간다. 1층에서의 위 치는 참여자가 선택할 수 있다. 다음 참여자도 주사위를 던져 똑같은 방 법으로 자신의 오리를 움직인다. 이렇게 해서 닭의 등에 자기팀 오리 한 마리를 먼저 오르게 한 사람이 이기는 게임이다. 주사위 중 한쪽에는 닭 그림이 그려진 면이 있다. 주사위를 던졌을 때 닭 그림이 나오면 그 참여자는 맨 꼭대기에 있는 닭 옆에 있는 알을 아래로 굴려 상대방의 오리를 맞출 수 있다. 알에 맞아 오리가 떨어지면 그 오리는 처음부터 다시 올라와야 한다.

치료적 활용

❶ 발산 : 아동들은 알을 굴려 상대방의 오리를 맞출 때 탄성을 지르며 좋아한다. 내적으로 쌓여 있는 부정적 에너지를 허용된 방법으로 방출함으로서 희열을 느낀다. 나는 각각의 오리에 이름을 붙이기도 한다. '심통이, 짜증이, 투덜이' 등의 이름을 붙일 때도 있고 '용기, 부끄럼이, 자신감'이라고 붙일 때도 있다. 용기 오리가 알에 맞아 떨어지면 나는 "용기야, 힘내. 다시 일어나."라고 응원을 한다. 어떤 아동들은 자신을 괴롭힌 친구의 이름을 내 오리에 붙이기도 한다. 그럴 땐 오리가 떨어지면 아동들은 더 좋아한다.

❷ 좌절 인내력 : 계단을 거의 다 올라 이길 듯 할 때 알에 맞아 오리가 떨어지는 일이 종종 발생한다. 상대방 말을 잡는 게임의 경우에도 잡힐 때 감정이 급격하게 올라가지만 이 게임의 경우엔 자신의 말이 굴러 떨어지는 장면을 목격하게 되므로 더 크게 실망하는 것 같다. 이때 치료자는 아동의 마음을 어루만져 주며 다시 도전하도록 격려한다. 오르다 떨어지는 과정을 반복하면서 아동들은 그러한 상황을 이겨내는 힘을 얻는다.

♟ 텀블링 멍키 🎲

기본 게임 방법

막대를 야자나무에 꽂은 후 원숭이를 위에서 쏟아부어 나뭇가지에 걸리
도록 한다. 게임 준비를 마치면 순서에 따라 주사위를 던진다. 주사위 윗
면에 나온 색깔과 동일한 막대를 뽑는다. 이때 원숭이가 떨어지지 않도
록 한다. 원숭이를 더 많이 떨어뜨린 사람이 게임에서 진다. 또 다른 방법
으로는 주사위를 사용하지 않고 하는 방법이 있다. 이때는 막대를 뽑아
원숭이를 더 많이 떨어뜨리는 사람이 이긴다. 아동과 게임을 시작할 때
어떤 방법을 사용할지 물어보아 아동이 결정하도록 한다.

치료적 활용

❶ 협동심 : 이 게임은 본 게임에 소요되는 시간보다 준비시간이 훨씬 더
   길다. 특히 어린 아동이거나 소근육이 발달하지 않은 아동들은 막대
   를 꽂다가 지쳐서 게임을 포기하기도 한다. 충동적이거나 인내력이

약한 아동들은 막대 꽂기를 치료자에게 떠넘긴다. 막대를 꽂는 과정에서 서로의 도움을 통해 협동심을 기르는 기회를 가질 수 있다. 치료자는 지루해하는 아동에게 지지와 격려를 보내 동기부여를 높이는 것이 필요하다. "너랑 같이 꽂으니까 벌써 이렇게 많이 꽂았네."라는 격려의 말은 아동에게 참여를 촉진시킨다. 초반에는 치료자가 빠르게 막대를 꽂아 지루한 시간을 줄여주는 것도 필요하다. 나중에는 막대를 꽂을 때 아동이 원하는 모양을 만들어가며 꽂을 수도 있다. 아동들은 바둑판 모양이나 방사형으로 막대를 꽂는 것을 좋아한다. 때로는 한 층씩 밑에서 꽂기도 하고 또 색깔을 나눠 꽂는 방법을 쓰기도 하면서 이 과정을 즐기도록 도와주는 것이 좋다.

❷ 계획적 사고 : 원숭이를 적게 떨어트리거나 많이 떨어트리는 방법 모두 관찰과 계획이 중요하게 작용한다. 치료자가 막대를 뽑을 때 빠르게 뽑지 않고 탐색하는 과정을 보여줄 수 있다. "어디에 원숭이가 많이 있지?"라고 하면서 탐색을 하고 "이 나무에 많이 걸렸네. 그럼 이걸 뽑으면 많이 딸 수 있겠다."라고 하며 막대를 뽑는다. 간혹 일부러 맨 위층에 많이 걸려 있는 막대를 뽑아 아래쪽 나뭇가지에 걸리게 할 수도 있다. 그럴 땐 "아. 여기에 많아서 뽑았는데 아래쪽에 걸렸어. 그걸 생각 못 했네."라고 하며 전략의 실패를 노출시킨다. 이러한 치료자의 행동은 아동에게 모방을 가능하게 도와준다. 아동이 탐색을 하며 막대를 뽑는 행동을 할 때 치료자는 "네가 꼼꼼히 살피면서 찾는구나."라고 격려해줄 수 있다.

❸ 충동조절 : 충동적인 아동들은 원숭이를 적게 따는 방법보다 많이 따는 방법을 선호한다. 적게 따는 방법은 조심성이 더 많이 요구되고 많이 따는 방법은 통쾌함을 경험하기에 더 좋다. 어떤 방법이든 아동이

좋아하는 방법을 사용하는 것이 좋다. 특히 충동적인 아동들은 아무 생각 없이 막대를 마구 뽑는 특성이 있다. 어떤 아동들은 마음이 급해 한 번에 막대를 두세 개씩 뽑기도 한다. 이럴 때 치료자는 의도적으로 천천히 게임을 할 필요가 있다. 또한 아동이 한 번 막대를 뽑은 후에는 아동의 행동을 멈추도록 하기 위해 "잠깐. 이제 내 차례야. 기다려 줘."라고 하여 아동이 차례를 기다리도록 도와주는 것이 필요하다.

♟ 펭귄 트러블 🎲

기본 게임 방법

각각 자신이 원하는 색깔의 펭귄 네 마리를 고른다. 자신의 앞쪽 게임판에 네 마리 펭귄을 세운다. 순서를 정하고 주사위 돔을 눌러 주사위 숫자가 나오도록 한다. 주사위 윗면 숫자가 6이 나오면 펭귄 한 마리가 홈에서 나와 출발선에 설 수 있다. 또 한 번 더 주사위 돔을 눌러 나온 숫자만큼 펭귄을 이동시킨다. 주사위를 눌렀을 때 비스듬히 세워져서 윗면을 분간하기 어려울 때는 다시 한 번 더 눌러야 한다. 6이 나와야만 펭귄을 출발시킬 수 있다. 한 번 출발한 펭귄은 그다음에 주사위 숫자만큼 계속 이동할 수 있다. 6이 나오지 않으면 어떤 펭귄도 출발할 수 없다. 출발한 펭귄은 한 바퀴 돌면 처음 출발한 바로 뒤 종료지점에서 대기해야 한다. 즉 종료지점에서 3칸 뒤에 위치할 때 5가 나오더라도 방으로 들어가지 않고 종료지점에서 멈춰야 한다. 종료지점에서 대기하고 있다가 다음

번 순서 때 주사위 숫자가 1이 나오면 1번 방으로 들어간다. 방은 1, 2, 3, 4번 방이 있으므로 만일 주사위 숫자가 5가 나오면 방에 들어갈 수 없다. 이때 출발한 펭귄이 또 있다면 나온 숫자 5를 그 펭귄이 이동하는 데 쓰면 된다. 숫자 6은 새로운 펭귄을 출발시킬 때 사용할 수도 있고 기존에 이동하던 펭귄을 이동시킬 때 사용할 수도 있다. 첫 번째 펭귄이 1번 방에 들어갔다면 다음 번 펭귄은 다른 방, 즉 2, 3, 4번 방에 들어갈 수 있다. 게임 중간에 펭귄이 상대방에게 잡히거나 얼음 다리에 빠지면 홈으로 돌아가 다시 출발해야 한다. 이렇게 해서 네 마리 펭귄 모두를 먼저 방에 들어가도록 한 사람이 이긴다.

치료적 활용

❶ 감정 조절 : 이 게임의 다른 이름은 '트러블 게임'이다. 그만큼 게임 도중 심리적 갈등을 많이 일으킨다. 상대방 펭귄은 이미 출발하여 게임판을 돌고 있는데 자신은 6이 계속 나오지 않아 출발조차 하지 못하는 일이 비일비재하다. 또한 어렵게 출발했지만 상대방에게 잡히기도 하고 얼음다리에 빠져 다시 홈으로 돌아가야 하는 일도 종종 생긴다. 마음이 급하고 짜증을 잘 내는 아동은 이러한 일이 발생할 때마다 감정이 급격하게 고조되어 화를 내거나 판을 엎는 등 트러블 상황을 만든다. 치료자는 이러한 상황을 '감정 조절의 기회'로 활용할 수 있다. 치료 초기에는 조절에 앞서 '감정 읽어주기'를 통해 공감과 수용을 하는 것이 더 중요하다. 아동이 느끼는 감정을 누군가가 알아주고 그러한 과정을 통해 아동 자신도 감정을 인식하는 것이 조절보다 우선되어야 한다. 이후 차츰 '조절하는 방법'을 알려주고 모델링하도록 하며 아동이 '감정을 조절하기 위한 노력'을 하는 것에 대해 치료자는 지지와 격

려를 해준다.

❷ 인내력 : 좌절에 대한 인내력은 아동에게 노력을 지속하게 하고 성취
도를 높여주는 기능으로 작용한다. 좌절 인내력이 낮을 경우 아동은
사소한 실패에도 좌절하게 되며 쉽게 포기하기에 이른다. 이 게임은
말을 출발시킬 때에도 6이 나오는 순간까지 기다려야 하는 고통을 아
동들에게 제공하지만 말을 방에 넣을 때에는 더 그러하다. 이미 들어
간 방엔 다른 말이 들어갈 수 없으므로 마지막 종료지점에서 상대에
게 잡히는 일도 자주 발생한다. 거의 승리의 문턱까지 왔다가 반전이
일어나므로 '끝날 때까지 끝난 것이 아닌' 심리적 긴장감을 갖게 한
다. 아동들은 게임을 하면서 '언제든지 상황이 바뀔 수 있다'는 가능
성을 받아들이게 된다. 이는 자신들이 궁지에 처했을 때 다시 희망의
상황으로 변할 수 있으므로 끝까지 최선을 다 하는 게 중요하다는 것
을 깨닫도록 한다. 치료자는 아동이 포기하려는 순간 격려를 하고 용
기를 주어 새로운 상황을 맞도록 이끌어주는 것이 필요하다.

♟ 할리갈리 🎲

기본 게임 방법

종을 참여자 가운데에 놓는다. 게임 참여자는 카드를 똑같이 나눠 갖는다. 수를 세어 나누는 방법도 있지만 카드 더미를 게임 참여자 수만큼 나누어 쌓은 뒤 높이를 어림으로 맞춰 나누는 방법도 있다. 강박적이고 완벽주의적 성향이 강한 아동들은 수를 세어 똑같이 나누는 것에 몰두한다. 치료자와 1:1로 게임을 할 경우 아동이 원하는 방법으로 카드를 나누는 것이 필요하다. 이렇게 서로 카드를 나눠 가진 후 한쪽 손바닥 위에 카드 더미를 올려놓는다. 카드는 그림이 보이지 않게 뒷면이 위로 향하도록 올려놓아야 한다. 다른 한 손으로 카드의 맨 위 장 하나를 잡아 그림이 보이도록 바닥에 놓는다. 이때 조심할 것은 카드를 내려놓을 때 엄지를 카드 뒤쪽에 대고 뒤로 밀어 **빼내어** 카드의 그림을 상대방이 먼저 볼 수 있도록 해야 한다. 만일 검지와 중지를 카드 앞쪽에 대고 카드를 앞으로 당기듯이 **빼면** 자신이 먼저 그림을 보게 되므로 반칙을 할 수 있는 가능성이 커진다. 한 사람이 바닥에 카드 하나를 놓으면 상대방이 다음에 같은 방식으로 자신의 앞에 카드를 놓는다. 계속 번갈아 가며 바닥에 놓은 카드 위에 다른 카드를 올려놓으며 게임이 진행된다. 이때 양쪽 카드 그림에서 '같은 색깔 그림의 수가 다섯 개'가 되면 둘 중 누구든 종을 칠 수 있다. 종을 먼저 친 사람이 바닥에 쌓인 카드를 모두 가져간다. 가져간 카드는 자신의 카드 더미 아래쪽으로 넣는다. 실수로 종을 잘못 친 경우에는 상대방이 카드를 다 가져가게 된다. 어떤 게임 규칙에서는 이 경우 잘못 친 사람이 자신의 카드 한 장을 종 밑에 깔아두었다가 다음번 성공자가 그 카드를 가져가도록 하는 룰도 있다. 나의 경험에서 볼 때 그 방법은 충동적인 아동들에게 크게 도움이 되지 못한다. 실수를 해봐야 한 장밖에 카드를 잃지 않으니 별로 조심하려고 하지 않는다. 한 사람이 카드를 다 잃게 되면 게임이 끝난다.

치료적 활용

❶ 충동조절 : 게임을 하며 자신의 카드뿐 아니라 상대방의 카드도 유심히 살펴야 한다. 또한 과일이 다섯 개가 될 때 종을 쳐야 하므로 계속 집중하다가 순간 반응을 해야 한다. 충동적인 아동들은 비슷한 숫자일 때 종을 쳐서 실수를 하는 경우가 종종 있다. 또한 숫자를 놓쳐서 종을 치지 못하기도 한다. 치료자는 아동의 수준이 어떤지 파악을 하여 속도를 아동에게 맞춰줄 필요가 있다. 아동과 치료자가 심하게 차이가 나는데 계속 치료자가 이기게 되면 아동은 심한 좌절감을 경험하여 오히려 치료에 방해가 된다. 치료자는 아동이 실수를 했을 때 위로하고 격려해주고 제대로 종을 칠 때는 "네가 아주 꼼꼼하게 봤구나."라고 하며 목표행동에 대한 구체적 칭찬을 해주어 아동의 행동을 그 방향으로 이끌어주는 것이 필요하다.

❷ **시지각 운동 능력** : 시지각 운동 능력이 미발달된 아동들은 눈이 카드를 따라가지 못한다. 자신이 낸 카드를 한 번 보고 다음에는 상대방의 카드를 살펴야 하는데 이 아동들은 눈이 자기 카드에만 고정되어 있다. 특히 비언어성 학습장애로 진단되는 아동들이거나 ADHD로 진단되는 아동들에게서 이러한 특성이 자주 나타난다. 치료자는 게임을 하면서도 아동의 세세한 행동과 표정변화에 집중해야 한다. 아동의 눈이 카드를 따라가지 못하는 모습이 관찰되면 즉시 게임에서 이 훈련을 시작해야 한다. 치료자는 최대한 천천히 카드를 내면서 "○○이 거 보고 내 거 보고, ○○이 거 보고 내 거 보고"라고 말을 하여 아동이 이 말에 따라 시선을 카드로 옮기도록 도와준다. 계속 이렇게 도와주다보면 어느 순간 아동의 눈이 카드를 쫓는 것을 보게 된다. 이 아동들에게는 시각 운동을 발달시키는 것이 매우 중요한 과제이다.

게임 방법 변형

❶ **나이가 어리거나 발달이 느린 아동을 위한 단계적 규칙** : 발달이 느린 아동의 경우 바닥에 깔린 카드에서 같은 색깔의 과일이 다섯 개가 되는 순간을 바로 찾기란 매우 어려운 일이다. 따라서 이런 아동들에게는 매우 단순한 규칙을 적용하여 게임을 즐기도록 도와주는 것이 필요하다. 한 개의 과일 그림이 그려진 카드를 보여주고 "이렇게 한 개 있을 때 종을 치는 거야."라고 알려준다. 발달이 느린 아동도 이 정도의 규칙은 이해하고 따를 수 있다. 그렇게 하여 이 룰이 익숙해져 아동에게 너무 쉬운 규칙이 되었을 때 다음 단계의 규칙을 적용한다. 치료자와 1:1의 게임일 경우 양쪽 카드에서 같은 색깔의 그림이 나오면 그때 종을 치는 것을 알려준다. 한 개의 그림인 카드에 반응하는 것 보다 양

쪽을 보아야 맞출 수 있는 이 룰이 조금은 더 어렵다.

❷ 카드 순서 맞추기 : 카드 더미를 가운데 놓아둔다. 각각 다섯 장씩 카드를 나눠 갖는다. 순서를 정하고 먼저 시작하는 게임 참여자가 자신의 카드를 차례로 바닥에 내려놓는다. 이때 상대방은 순서대로 카드에 있는 과일 그림의 숫자를 기억해야 한다. 내려놓은 카드를 한 장씩 뒤집은 다음 상대방이 이를 맞추도록 한다. 상대방이 순서대로 숫자를 말하면 그 카드를 뒤집어서 확인을 한다. 다섯 장을 다 맞히면 그 카드는 맞힌 사람이 가져간다. 못 맞힌 카드는 옆에 쌓아 둔다. 카드가 다 없어지면 게임이 끝난다.

♟ 허니컴 🎲

기본 게임 방법

게임 틀에 벌집 모양을 끼워 넣어 커다란 벌집을 만든다. 벌집이 완성되면 벌집 맨 위에 벌을 올려놓고 순서를 정한다. 돌림판을 돌려 나오는 색깔과 동일한 벌집 모양을 막대로 밀어서 뺀다. 한 번에 한 개의 벌집 모양을 밀어야 한다. 그러나 한 개를 밀었는데 그로 인해 여러 개가 떨어지는 것은 괜찮다. 벌을 떨어트리는 사람이 게임에서 진다. 돌림판에서 벌 모양에 걸리면 패스의 기회를 얻고 와일드 칸에 걸리면 자기가 원하는 색깔의 벌집 모양을 밀어낼 수 있다.

치료적 활용

❶ **충동조절** : 막대로 벌집 모양을 뺄 때 어떤 것인 안전한지 생각을 하고 천천히 밀어야 벌집이 무너지지 않는다. 그러나 충동적인 아동들은

생각을 하여 결정하고 자신의 행동을 조절하는 데 어려움이 있다. 이 아동들은 빨리 서둘러 게임을 끝내고 그 결과를 경험하고 싶어 한다. 그러다보니 실수가 잦으며 그만큼 게임에서 패배하는 일도 많다. 충동적인 아동들과 이 게임을 할 때 치료자는 아동의 이러한 행동을 그대로 수용해주고 기다려주는 것이 필요하다. 아동이 실수를 경험하며 스스로 실수를 반복하지 않으려는 새로운 변화를 필요로 할 때 치료자가 개입을 한다. 이때 치료자는 '멈추고, 생각하고, 행동하기'를 시연해주고 아동이 이를 활용하도록 도와줄 수 있다.

❷ 용기 키우기 : 긴장이 많고 겁을 많이 내는 아동들은 매 순간 벌이 떨어질까 봐 초조해한다. 충동적인 아동들과는 정반대로 함부로 벌집 모양을 밀어내지 못하며 망설일 때가 많다. 치료자는 이런 아동을 응원하고 지지해줌으로써 아동이 용기를 내도록 이끌어줄 수 있다. "벌이 떨어질까 봐 걱정이지. 나도 그래. 그래서 난 이렇게 해."라고 하며 벌집을 밀기 전에 '심호흡'을 하는 것을 보여준다. 또한 "괜찮아. 떨어져도 돼. 그럼 다음에 하면 돼."라고 자기 지시어를 사용하여 감정을 조절하는 것도 함께 한다. 벌집 하나하나를 '용기 벌집'이라고 이름을 붙여 아동이 그것을 하나씩 뺄 때마다 "너의 용기가 하나 늘었어."라고 하며 격려를 해주기도 한다. 때로는 아동과 함께 막대로 벌집을 마구 밀어 일부러 벌을 떨어트리는 놀이를 하는 것도 긴장해소에 도움이 된다.

♟ 흔들흔들 해적선 🎲

기본 게임 방법

해적선을 받침 위에 세팅한다. 서로 번갈아가며 펭귄을 해적선에 태운
다. 균형을 못 맞춰 해적선에서 펭귄이 떨어지면 그 사람이 지게 된다.

치료적 활용

❶ 좌절 인내력 : 매우 신중하게 펭귄을 올려놓아야 균형을 맞출 수 있다.
순간 손이 흔들리거나 위치를 잘 못 잡으면 바로 해적선이 휘청거리
며 균형을 잃는다. 이 게임은 이러한 상황을 반복하여 경험하면서 실
패를 인정하고 다시 도전하는 힘을 길러준다. 치료자의 응원과 격려
가 매우 필요하다.

Charles E. Schaefer and Athena A. Drewes(2015). 놀이의 치료적 힘. (유미숙 외 공역). 서울; 시그마프레스.

Charles E. Schaefer and Steven E. Reid(2001). 게임 놀이와 아동심리치료. (박성옥 외 공역). 서울; 창지사.

Garru L. Landreth and Sue C. Bratton(2008). 놀이치료를 통한 부모-자녀 관계치료. (김양순 역). 서울; 학지사.

Jill Bellonson(2008). 보드게임을 활용한 아동심리치료. (유미숙 외 공역). 서울; 시그마프레스.

Robert D. Friedberg, Jessica M. McClure and Jolene Hillwig Garcia(2009). 아동과 청소년을 위한 인지치료기법. (정현희, 김미리혜 공역). 서울; 시그마프레스.

찾아보기

지은이

이경옥

충북대학교 대학원 아동복지학과 졸업

한국영유아아동정신건강학회 놀이치료전문가

한국영유아아동정신건강학회 놀이치료

    임상수퍼바이저

현재 청주아동가족상담소 소장